"三教"教学理念在农村小学数学教学中的实践应用

主 编 陈祖芳 王德兴 毛正坤

西南交通大学出版社
·成 都·

图书在版编目（ＣＩＰ）数据

"三教"教学理念在农村小学数学教学中的实践应用 / 陈祖芳，王德兴，毛正坤主编. —成都：西南交通大学出版社，2019.5
ISBN 978-7-5643-6884-5

Ⅰ. ①三… Ⅱ. ①陈… ②王… ③毛… Ⅲ. ①小学数学课–教学研究 Ⅳ. ①G623.502

中国版本图书馆 CIP 数据核字（2019）第 095170 号

"三教"教学理念在农村小学数学教学中的实践应用
主编　陈祖芳　王德兴　毛正坤

责 任 编 辑	武雅丽
封 面 设 计	严春艳
出 版 发 行	西南交通大学出版社 （四川省成都市金牛区二环路北一段 111 号 西南交通大学创新大厦 21 楼）
发行部电话	028-87600564　028-87600533
邮 政 编 码	610031
网　　　 址	http://www.xnjdcbs.com
印　　　 刷	四川森林印务有限责任公司
成 品 尺 寸	170 mm×230 mm
印　　　 张	14.75
字　　　 数	232 千
版　　　 次	2019 年 5 月第 1 版
印　　　 次	2019 年 5 月第 1 次
书　　　 号	ISBN 978-7-5643-6884-5
定　　　 价	88.00 元

图书如有印装质量问题　本社负责退换
版权所有　盗版必究　举报电话：028-87600562

本书编委会

主　编　陈祖芳　王德兴　毛正坤

副主编　罗礼艳　韦厚祥　黄元斌　徐仕祥　何芝林

编　委　陈　丽　勾祖鹏　张成敏　王　英　龙道翠
　　　　付仕国　朱　莉　杨　丹　张　岚

前　言

本书真实地记录了陈祖芳、王德兴、毛正坤、罗礼艳等人的工作团队探究和实践贵州师范大学吕传汉教授提出的"三教"教学理念并将这一理念应用到乡村小学数学课堂教学中的工作。书中的教育理论、教学课例、课题研究倾注了贵州乡村名师陈祖芳工作室全体教师的心血。书中有对教师进行课堂教学的理论指导，有对学生进行有效教育的理念和教学课例，有教师的教学体验、教学反思，部分学生的学习体验，有对小学数学"三教"教学理念的实践与研究。本书共三大部分，内容包括专家对"三教"教学理念的诠释、编委对"三教"教学理念的看法、做法，教师的教学课例，对"三教"教学理念的研究。

本书可作为普通高等院校小学数学专业的本科生、专科生的教学用书，也可供小学数学教师、小学数学研究专业人员参考。

目　录

理论篇

对数学教学中"三教"的认识与思考
（严　虹　游秦杰　吕传汉）　/002
如何在农村小学数学课堂教学中体现"三教"教学理念
（陈祖芳）　/007
浅谈"三教"理念与边远小学数学课堂教学融合（杨　丹）　/012
落实"三教"理念，打造高效课堂（张　岚）　/015
利用"三教"引领小学数学教学，培育学生的核心素养
（王德兴）　/021
浅谈"三教"理念在农村小学数学课堂教学中的应用（王　英）　/026
乡村小学数学"三教"教学实践经验总结
（陈祖芳　韦厚祥　黄元斌）　/032
乡村小学数学"三教"教学实践（罗礼艳）　/036
谈农村小学数学"三教"教学理念的实践应用（朱　莉）　/041
论小学低年级数学教学中的"三教"教学实践（张成敏）　/045
浅谈在农村小学数学教学中如何践行"三教"教学理念
（毛正坤）　/052
落实"三教"理念，提高小学数学课堂教学的有效性（陈　丽）　/058

实践篇

《加减混合》教学课例（陈祖芳）　/064

《观察物体》教学课例（陈　丽）　　/ 068
《长方形和正方形》教学课例（龙道翠）　　/ 075
《田忌赛马——对策问题》教学课例（陈　丽）　　/ 078
《合理安排时间——沏茶问题》教学课例（陈祖芳）　　/ 084
《平行四边形的面积》教学课例（王德兴）　　/ 090
《植树问题》（两端都栽）教学课例（王德兴）　　/ 100
《用字母表示数》教学课例（罗礼艳）　　/ 110
《6~10的认识和加减法：连加连减》教学课例（张成敏）　　/ 118
《三角形的特性》教学课例（罗礼艳）　　/ 123
《找规律》教学课例（张成敏）　　/ 130
《平行四边形和梯形的认识》教学课例（王　英）　　/ 135
《烙饼问题》教学课例（朱　莉）　　/ 142
《摆一摆、想一想》教学课例（何芝林）　　/ 152
《小数的大小比较》教学课例（毛正坤）　　/ 159
《平行与垂直》教学课例（朱　莉）　　/ 165
《可能性》教学课例（毛正坤）　　/ 174
《钟表的认识》教学课例（王　英）　　/ 181
《圆柱的表面积》教学课例（勾祖鹏）　　/ 188
《方程的意义》教学课例（杨　丹）　　/ 194
《平移和旋转》教学课例（张　岚）　　/ 200

课题研究篇

"利用'三教'转变课堂教学方式，构建小学数学高效课堂研究"
　　结题报告（贵州省兴义市敬南镇山脚小学课题组）　　/ 208
"用'三教'引领小学数学课堂教学的情境的创设与利用研究"
　　结题报告（贵州省兴义市敬南镇山脚小学课题组）　　/ 214
"乡村小学数学教学教思考的实践研究"实施方案（陈祖芳）　　/ 222

理论篇

对数学教学中"三教"的认识与思考

严 虹 游秦杰 吕传汉

我国正处在经济转型发展的关键时期，创新人才培养机制、提高人才培养质量也随之进入一个十分重要和紧迫的阶段。中小学教学务必摒弃"唯考试""唯分数"的观念，真正树立人人成才、多样化成才、终生学习、系统培养的理念；摒弃拼规模、比数量的观念，真正树立起以人才培养为中心、以适应社会需要为检验标准、以学生为本，把促进学生全面发展、健康成长作为改革的出发点和落脚点，让每个孩子都能成为有用之才的理念。要以"立德树人"为宗旨，以发展学生"核心素养"为目标，以实现课堂教学转型和建立学校课程体系为重点。

在全面深化改革的大背景下，在数学教育的各个阶段，教师应以如何进行数学教学，进而最终达到培育学生的"核心素养"为目标，以实现课堂转型和建立学校课程体系为重点。

2014年1月，贵州师范大学吕传汉教授提出在数学教学中教思考、教体验、教表达（简称"三教"）的教育理念，尝试用"三教"引领 "创设数学情景与提出数学问题"教学，进而培育学生核心素养。他主张：

教思考，让学生学会分析世界，学会"想数学"，促进学生思辨能力的培育。

教体验，让学生学会用数学的眼光分析世界，学会"想数学"，获得个人学习体验。

教表达，让学生会用数学的语言表达世界，学会"说数学"，通过表达、交流加深思考，最终达到培养学生核心素养的目的。

一、教思考，重在培养学生的数学思维

（一）"思考""思维"的概念辨析

"思考"是指"进行比较深刻、周到的思维活动"；"思维"是指在表象、概念的基础上进行分析、综合、判断、推理等认识活动的过程。思

维是人类特有的一种精神活动，是从社会实践中产生的。

教思考，旨在让学生学会"想数学"。未来的高中数学教学活动创设有利于学生数学核心素养发展的数学情景，启发学生思考，引导学生把握数学内容的本质。树立敢于质疑、善于思考、严谨求实的科学精神。

（二）"教思考"能够培养学生的数学思维

爱因斯坦指出："独立思考是创新的基础。"苏霍姆林斯基认为："要培养自己孩子的智力，那你就必须教给他思考。"强调必须通过思考获得知识。

"思考"是指"进行比较深刻、周到的思维活动""进行比较深入的考虑""进行分析、综合、推理、判断等思维活动"。

"数学是一种模式的科学"。在数学教学中教"思考"，让学生逐渐学会思考，这对于培养学生的数学思维有着特殊重要的作用。一方面，"思维"本身就蕴含在"思考"概念内涵中；另一方面，当教师在数学课堂中有意识地引导学生"思考"数学问题中蕴含的"数学思维方式和方法"时，自然能够在潜移默化中培养学生的"数学思维品质和能力"。

（三）在数学教学中如何"教思考"

任何学习都需要思考，数学学习尤其需要思考，没有思考就没有真正的数学学习。

在数学教学中"教思考"，就是要教学生想数学，教学生学会"数学的思考"。所谓"数学的思考"，就是用数学的眼光观察世界，从数学的角度思考问题。教师在数学教学中，要引导学生感受数学与生活世界的联系，在"数学的思考"过程中体现数字对现实问题的价值，体验应用数学知识成功解决问题的快乐。

在数学教学中如何"教思考"？教师可以考虑如下问题：

（1）在教学设计中注重渗透哲学层面的数学思维方法。比如：抽象、概括、归纳、分析（发散思考）、综合（集中思考）、判断（从概念获得、问题解决及数学应用中获得），等等。

（2）在数学课堂教学中进行数学知识技能传授的同时，思考有关的思维方法是如何体现的。应通过创设恰当的数学情景，引导学生通过思考"发现问题",进而"提出问题",最终"解决问题",培养学生的数学思维。

要重视给小学生传递数学思维方法,在小学计算教学中要突出三点:一是转化思想;二是让学生体验解决问题的方法的多样性;三是让学生在体验数学与生活联系中体验数学应用的广泛性。在小学数学概念教学中要突出两点:一是让学生体验数学的抽象性;二是让学生体验数学的概括性。重视学生问题意识的培养,从小学生开始,就要引导学生,在学习中不断发现问题、提出问题、分析问题和解决问题。

(3)从解题、实验、实践的反思中,逐步培养辩证的思维方法和批判能力。

在数学教学中应该特别倡导一种批判性思维方式——"反思"。看问题的角度是否最佳?分析过程的逻辑关联度如何?解决问题的情感态度是积极还是消极?反思,是反审认知活动,是对思维过程的审查,是完整思维过程的重要组成部分。

通过反思来处理、改善有关问题研究。在学习生活中,指导学生常做生活反思、工作反思、学习反思、解题反思,逐渐养成反思的习惯,促进学生认知的发展和学业进步。

二、教体验,重在促进学生的数学领悟

(一)"体验""领悟"的概念辨析

"经验"与"体验"的区别:经验,即由实践得来的知识或技能(有直接经验与间接经验)。体验,即通过实践来认识周围的事务;亲身经历。体验的特征在于具有实践、探究的过程性;强调亲身经历;具有个性化特征,是个体化的经验。在数学课中,"体验"则是描述过程目标的行为动词(经历、体验、探索)之一,是指"参与特定的数学活动,主动认识或验证对象的特征,获得一些经验"。

教体验,旨在让学生学会"做数学"。此处的体验主要是指"学习体验"。学习体验,可以理解为学生通过有目的(有引导)的学习实践活动来感受、体会领会周围的事物。以及由此获得相关知识、技能、情感与观念等内容的过程。

"领悟"则是指"领会，理解"。数学学习中的"数学领悟"，通常是指一种心理状态，就是新的数学概念和知识还没有被学生掌握之前，已潜伏于所展示的数学教材之中，当学生脑中已掌握的知识技能和思想方法被适时地激活后，通过持续地观察、比较、分析和判断，大胆地尝试、联想、想象和猜想，使得认识由此及彼、由表及里地不断积聚，不断深化，最终出现的恍然大悟或是豁然开朗的心理状态。

（二）"教体验"能够促进学生的"教学领悟"

通过在课堂上"教体验"，学生能在情景中抽象出数学概念、命题、方法和体系，积累从具体到抽象的活动经验，从而"体验"数学抽象的过程，促进自身对于"数学抽象"素养的领悟。

通过在课堂上"教体验"，学生能感悟数学与现实之间的关联，学会用数学模型解决实际问题，积累数学教学实践经验，从而"体验"数学建模的过程，进而促进自身对于"数学建模"素养的领悟。

通过在课堂上"教体验"，学生能在具体的情境中感悟事物的本质，形成数学直觉，从而"体验"直观形象的过程，进而促进自身对于"直观形象"素养的领悟。

综上所述，在数学课堂教学中，老师通过有意识有引导地教学生"体验"，能够使学生深化所掌握的有关表层知识，进而对蕴含于其中的知识与技能，数学思想、方法、情感与观念等内容有所感悟和体会。

（三）在数学教学中如何"教体验"

在中小学数学课堂教学中，教师应该重点考虑如下问题：

（1）引导学生关注内涵与逻辑脉络的学习，重视激发学生的学习兴趣。

（2）指导学生获得数学学习体验的方法，教学生在知识理解、语言文字运用、解题、实验、实践的反思中体验有关思想方法。

（3）创设恰当的学习情境，给学生搭建体验平台，引导学生在探究过程中获得知识再发现的学习体验。

（4）引导学生在自主学习、合作探究、讨论辩论中获得勤于思考、敢于质疑、勇于创新的体验。

（5）获得数学活动体验，最重要的是积累提出问题和解决问题的体验，总之，是"从头"想问题、思考问题、解决问题全过程的体验。不仅仅是实践的经验，也不仅仅是解题的经验，更加重要的是思维体验。

在数学教学中，教师要善于利用学生乐于参与的心理，在课堂上充分设置数学探究、数学实验等环节，同时在课外布置具有实践性的数学问题，引导学生真正地"做数学"，在"做数学"中学数学，并获得对数学精神、思想与方法的感悟，获得数学学习的情感体验。

总而言之，学生学习重在学习体验的积累。这种本质的体验，就铸成学生的素养，即积淀在学生身上的终身受益的潜在能力。重视数学学习活动体验教学，有利于培养学生从数学的角度思考问题，积累发现问题、提出问题、分析问题、解决问题的经验，促进学生具有个性特征的思辨能力的发展。

三、教表达，重在强化学生的数学交流

（一）"表达""交流"的概念辨析

"表达"是指"表示（思想、感情）"。教表达，旨在让学生学会"说数学"。教表达，要重视数学中的"自然语言""符号语言""图形语言"的转换。

"交流"则是指彼此把自己的知识、思想供给对方。本研究中的"数学交流"主要是指：在课堂或课外学习过程中，能够将自己习得并理解的数学知识、技能、思想方法、情感态度等以口头或书面的形式传递给对方。

（二）"教表达"能够促进学生的"数学交流"

苏霍姆林斯基认为："怎样才能做到使教师与学生的关系中充满着高尚意念呢？首先必须使教师在传授给学生意识的那些思想中能表现出他自己。能触及孩子心灵的不是冷冰冰的真理，而是教师活生生的、热情的个性。这要看教师传授给学生的那些知识在多大程度上已成为他自己的信念，在多大程度上进入他的心灵。"

表达能力是一种十分重要的软能力，应注意引导学生学会表达，让学生在生生互动、师生互动中碰撞思维，在表达中倾听，在倾听中交流，在交流中思考，促进儿童在知识学习时加深理解、增长智慧，获得体验，积淀素养。

如何在农村小学数学课堂教学中体现"三教"教学理念

陈祖芳

（贵州黔西南州兴义市敬南镇山脚小学 562402）

【摘 要】"三教"教育理念，实际上是启发式教学、开放性教学的综合体现，是一种研究性学习的过程化和具体化。无论是教会学生辩证思考，还是教会学生获得学习体验和口头语言表达，其整个过程都最大限度地体现出尊重学生的主体地位，重视知识的形成过程。思考、体验和表达过程是一个完整的整体，每一个教学环节既存在着内在的本质互动，又存在着外延折射互驱的动力，三者在教学活动中相互依存，相互驱使，互为动力。学生的辩证思维一旦培养起来了，他们就会从自发到自觉地对知识问题进行思考、体验与表达，形成在思考中体验，在体验中思考，在表达中放射出学习激情的循环性学习过程。学生对知识问题学会思考，思考得越深，体验得越真，则其表达就越准。因此，就目前来看，"三教"教育理念值得从事课堂教学的教师们在课堂教学活动中实践研究。

【关键词】如何体现；"三教"；教学理念

全国著名数学教育专家吕传汉教授提出了"教体验""教思考""教表达"的"三教"理念。"教体验"从本质上说就是让学生会用数学的眼光观察现实世界，注重数学抽象和直观想象核心素养的培养；"教思考"从本质上说就是让学生会用数学的思维分析现实世界，注重逻辑推理和数学运算核心素养的培养；"教表达"从本质上说就是让学生会用数学的语言表达现实世界，注重数学建模和数据分析核心素养的培养。在数学教学中，体验、思考和表达在同一个问题的发生过程中是相互依存不可分割的，只不过有时我们关注的侧重点不同而已。

随着基础教育改革的不断深入，学校课堂教学改革也应势加速，兴义市教育局提出中小学课堂教学方式转型要求，许多专家、教学探究者，从教育理论层面上提出许多指导课堂教学改革实践的新理论。吕传汉教授提出的"三教"教学理论，对农村小学数学教学具有较高的指导意义。在此，笔者结合自己的教学实践，对"三教"实践应用提出如下几点看法。

一、创设数学情景问题，激趣导入，引发学生思考问题，培养学生的表达能力

俗话说："良好的开端是成功的一半。"一节课能否激发学生的学习激情，能否让师生之间产生心灵的碰撞，创设的情景至关重要。要利用情景调动起学生的学习积极性，让学生在课堂一开始就去思考问题，表达自己的观点。如在上《合理安排时间——沏茶问题》一课时，我采用了猜谜语及利用身边的事例导入课题——同学们：听胡老师说我们班的同学最喜欢猜谜语，现在老师也准备了一个谜语让大家猜一猜：世界上有一样东西，它最快而又最慢、最长而又最短、最珍贵而又最被人忽略。当它快到极限时，人们才发现它的重要！请问，这究竟是什么……（时间），对！今天老师和大家一起学习的内容就与时间有关。关于时间问题，老师今天来上班的时候请就遇到一个问题，请大家给老师想想办法：学校规定 8:20 签到，老师每天听广播 15 分钟，从家开车到学校 20 分钟，吃早餐 10 分钟，现在 7:45 分，只剩 35 分钟就要签到，老师会迟到吗？引导学生说出为什么会迟到、为什么不会迟到，培养学生的表达能力，强调哪些事情可以同时做，这就是本节课学习的内容：合理安排时间。

二、利用情景，教学生思考能力及表达能力

在教学一年级的加减混合运算教材 67 页天鹅例题 1 时，我首先请学生观察这幅图（见图 1），然后问学生：你看到了什么内容，你能提出一个什么数学问题？（湖里有 4 只天鹅，又飞来了 3 只，一共有几只天鹅？）根据学生的问题列式（4+3）。

图 1

再让学生观察第二幅图，提问：你看到了什么内容，你又能提出一个什么数学问题？湖里有 4 只天鹅，飞来了 3 只后又飞走 2 只，现在有多少只天鹅？根据问题列式（4+3-2），引导学生说出 4+3-2 所表示的意义（湖里原来有 4 只天鹅，飞来了 3 只，又飞走了 2 只，求现在天鹅的只数）。采用利用数学情景，提出数学问题的方式，不仅体现吕传汉教授提出的数学情景与提出问题教学模式，同时体现了教思考和教表达的教学理念。

三、小组合作教思考、教体验

"小组合作学习"这一教学模式的应用给课堂教学注入了活力，它不仅可以使师生之间、学生之间更有效地进行语言交际；而且可以培养学生的合作意识、团队精神，进而促使学生相互学习，共同提高，有力地促进了课堂效率的提高。在上"合理安排时间——沏茶问题"一课时，创设情景：李阿姨来小明家做客，妈妈要求小明沏茶给李阿姨喝。我把怎样才能让客人尽快喝上茶这一问题抛给了学生，让学生采用小组合作去思考，去体验沏茶的整个过程，注重知识的形成过程，最终以小组汇报的形式教表达。

利用小组合作学习更能突出学生的主体地位，培养主动参与的意识，激发学生的求知欲。

小组合作学习更利于学生独立思考，小组合作学习的方式强化了学生对自己学习的责任感，和对自己同伴学习进展的关心；小组合作学习能为学生提供一个较为轻松、自主的学习环境，提高了学生创造思维的能力。合作性的课堂教学中，师生之间和学生之间的交互活动是多边进行的，学生有更多的机会发表自己的看法，并且能充分利用自己的创造性思维，形成相同问题的不同答案。学生的学习环境更为宽松，自主发挥的空间更为广阔。另外，在小组的合作学习中，同伴之间相互帮助，动手实践，在实验中发现、探究科学的奥秘，提高了学习兴趣，通过满足学生的各种内在需要激励了他们的参与意识，并能使他们在参与学习的活动中得到愉悦的情感体验。

总之，在教学中采用小组合作学习的方式，形成了师生之间、学生与学生之间的全方位、多层次、多角度的交流模式，使小组中每个人都有机会发表自己的观点与看法，也乐于倾听他人的意见，使学生感受到学习是一种愉快的事情，从而满足了学生的心理需要，促进学生智力因素和非智力因素的和谐发展，最终达到使学生学会、会学、乐学的目标，进而有效地提高了教学质量。

四、成果展示教表达

在教学中，充分体现出以学生为主体，教师为主导，让出三尺，采用小组代表展示合作的成果，培养他们表达能力和自我展示能力；还可以采用小组成员补充的形式给学生更多的表达机会。

五、结论

教师在教学过程中，创造良好的问题情境、情绪情境、教室情境，引导学生开展积极的思维活动，激发学生强烈的求知欲望，对培养学生独立思考和集体思考的意识、使学生的各种感观和心理活动与他们已有的知识经验和潜能相结合、求得开发学生的创造潜力的最佳效果有着重要的意义和作用。

参考文献

[1] 张晓斌，付大平. 落实"三教"理念，培育数学核心素养[J]. 中小学教师培训，2017（08）.

[2] 贺尔祥."三教"教学理论浅识[Z]. 百度文库[2017-07-02]

[3] 张敏良. 小组合作学习的好处[OB]. 枫叶教育网[2012.4.18]

浅谈"三教"理念与边远小学数学课堂教学融合

杨 丹

(贵州省黔西南州兴义市沧江乡平保小学 562413)

【摘 要】古人云：学起于思，思源于疑。2014年吕传汉教授首先在国内教育界提出"三教"的教育理念，即"教思考，让学生学会辩证思考；教体验，让学生积淀学习经验；教表达，让学生培养交际能力"。在新时代背景下，随着新课程的改革、课堂教学方式的转型，我们尤其要培养学生能够解决实际问题的能力。苏明强专家也曾说："表达好要基于思考，思考好要基于体验。"所以边远山区的农村小学，如何让"三教"理念与课堂教学更好地融合，这是值得我们探索的。

【关键词】"三教"；小学数学课堂；融合

"思考"源于主体对意向信息的加工，是指针对某一个或多个对象进行分析、综合、推理、判断等思维的活动；"体验"是在实践中认识事物，体验到的东西使我们感到真实、现实，并在大脑记忆中留下深刻印象；"表达"是将思维所得的成果用语音语调、表情、行为等方式反映出来的一种行为。而"教育"，美国的杜威说："教育即生活。"我国的陶行知先生说："生活即教育。"综合来看，即是教师要在课堂教学中引导学生将自身已有的生活经验（即体验）通过思考，用简洁的语言表达出来成为新知识从而达到学习的目的的一种行为。在边远山区的农村小学，由于种种因素造成部分学生极度缺乏表达能力，对待问题也仅仅只是看到表面现象，不会主动地深入思考问题的本质，所以吕传汉教授的"三教"教育理念在课堂教学实践过程中，需要教师结合实际情况，因材施教，灵活地将其进行更好地融合。

一、透过现象看本质，引发思考

美国教育心理学家布鲁纳认为："发现不限于寻求人类尚未知晓的事物，确切地说，它包括用自己的头脑亲自获得知识的一切方法。"布鲁纳主张教师不要把教学内容直接告诉学生，而是要向他们提供问题情境，引导他们对问题进行探究。在农村小学课堂中，教师应采用学生熟知或者学生感兴趣的生活情境，将数学问题设置于具体情境当中，引导学生思考其中蕴含的数学问题，比如教学人教版四年级下册《观察物体（二）》时，可结合古诗《题西林壁》中"横看成岭侧成峰，远近高低各不同"引导学生思考其中的联系；又比如用学生走路上学这一生活情境启发学生思考路程、时间、速度的关系式等。

二、动手操作，增强体验

边远的农村小学学生的生活经验与城区学生的经验有所不同，教师在教学中设置情境时也需注意结合学生的生活实际，教具不全面时就采用替代教具，旨在让学生亲自动手操作，获得体验。

三、反复追问，鼓励多说，训练表达

著名教育家苏霍姆林斯基曾说："语言是一种什么也替代不了的影响学生心灵的工具。"在边远山区的农村小学，由于大部分是留守儿童，他们长期离开父母与祖父母一起生活，再加上地域限制性，住户散落，所以部分学生除了在学校的时间几乎与老人待在一起，极少的交流也促使学生的表达能力十分欠缺。这在课堂上就体现出学生缺乏理解问题、分析问题的能力，回答问题也十分胆怯不积极。所以在边远小学的课堂教学中，教师更应当多让学生说，更应当反复地追问为什么，鼓励学生把自己想到的东西表达出来，哪怕是语言不严谨、逻辑有问题都没关系。"学习和思考是自我提升的过程，对外输出自己的观点或意见则是体现自身价值的过程。"再不济，小学生都有超强的模仿能力，教师可以先教学生说（表达），再循序渐进地让学生模仿表达，最后用自己的方式来表达，做到因材施教。

结 论

中国古代伟大的思想家、教育家孔子最早运用启发式教学，主张"不愤不启，不悱不发，举一隅不以三隅反，则不复也"，认为教师应当循循善诱，启发学生思考，鼓励学生做到举一反三。孔子也最早运用因材施教的原则，在教学活动中体现出有针对性的特点，做到"听其言而观其行"。在教育教学的过程中，教师要结合实际创设情境，培养学生主动思考的能力，再结合自身的生活经验，将所思所想大胆地用简洁的数学化语言表达出来。只有结合实际，因材施教，才能将"三教"教育理念与边远小学课堂教学更好地融合。

参考文献

[1] 刘国权.小学教育心理学[M].北京：人民教育出版社，2003：330-330.

[2] 王晓华，叶富贵.中外教育史[M].北京：首都师范大学出版社，2007：31-32.

·理论篇

落实"三教"理念,打造高效课堂

张 岚

(贵州黔西南州兴义市湖南路小学 562402)

高效课堂的核心是教学的高效益,其追求学生在最短的时间和合理负担内,在保证其身心健康的前提下,学生发展的最大化,简言之,就是学生在轻松健康快乐的学习中既能得到高分又能获得高素质养成。课堂教学的高效性还体现在课堂要唤醒学生的主体意识,落实学生的主体地位,促进师生智慧共同成长。在贵州师范大学吕传汉教授的"学科教学重在'三教'——即教思考、教体验、教表达"理念的指导下。经过不断摸索和改进,形成了以学生为主体、以学习为主线的"生本高效课堂教学模式"。它包括"四步学习法":前置学习(情境问题)——小组合作探究学习——全班交流展示学习——巩固检测拓展学习;课堂核心要素"五让":书本让学生读,见解让学生讲,疑点让学生议,方法让学生找,规律让学生归;课堂遵循"四突出":突出学生,突出学习,突出合作,突出探究。这一模式以课堂为主阵地,让学生积极参与到教育教学的活动中来,循序渐进,把课堂变成学生激扬生命的舞台,真正意义上助力高效课堂。

那么,如何打造高效课堂呢?

一、深入了解学生,找准教学的起点

学生是教育教学的出发点和归宿,只有充分认识和理解学生,学生的主体性才能得到有效发挥。可以实施"预学导航"教学模式来改革我们的教学。首先,进行课前科学指导。我们在课前布置活动单,给学生一些要求,给予学生适当的方法指导。其次,给予学生充分的思考时间。每次备课时,都要备材料。哪些是老师必须准备的,哪些是学生可以做到的,都在备课时想好,让学生做,提前几天或几周布置,给学生足够的时间准备。最后，建立恰当的评价体系。比如，在班上可以设立监督组长，在课前及时提醒学生做好课前准备，做好记录。如果有学生遇到了难题，同学之间可以相互帮助。

二、创建问题情境，启迪思维火花

数学情境是学生掌握知识、形成能力、发展心理品质的重要源泉，是沟通现实生活与数学学习、具体问题与抽象概念之间的桥梁。生活、活动和游戏的情境，可以诱发学生思维的积极性，引起学生更多的联想，可以激活学生已有的知识经验和解决问题的相关策略。创设良好有效的教学情境有多种方式，教师应针对不同年龄的学生，以及不同的数学内容去思考。

教学情境一般分为情境故事化、情境活动化、情境生活化和情境问题化。

（一）在教学中创设故事化情境

小学低年级到中年级的学生更多地关注"有趣、好玩、新奇"的事物，创设故事化情境就是一种非常适合低年级学生的形式。把教材中的一幅幅画面所反映的问题情境编成简短的小故事，使学生产生身临其境的感觉，增加课堂教学的趣味性，能够有效地调动学生的学习积极性，使学生全身心地投入到学习活动中去。

（二）在教学中创设活动化情境

数学的知识、思想和方法，必须由学生在现实的数学实践活动中理解和掌握，而不是单纯地依赖教师的讲解去获得。教学中，把问题情境活动化，就是让学生投身到问题情境中去活动，使学生在口说、手做、耳听、眼看、脑想的过程中，学习知识，增长智慧，提高能力。

（三）在教学中创设生活化情境

数学来源于生活，服务于生活。教师把数学问题生活化，可以让学生从直接的生活经验与背景中，亲身体验情境中的问题，这样不仅有利于学生理解情境中的数学问题，而且有利于学生体验到生活中数学是无处不在的，培养学生的观察能力和初步解决实际问题的能力。

（四）在教学中创设问题化情境

我们在创设情境时更应关注学生的数学思考，设法给学生经历"做数学"的机会，让他们在开放性、探究性问题中表现自我、发展自我，从而感觉到数学学习是很重要的活动，并且初步形成"我能够而且应当学会数学"的思考。这样的课堂学习才是一种享受，才能实现和谐与高效。

三、优化教学过程，构建教学模式

数学课程标准指出："有效的数学学习活动不能单纯地依赖模仿与记忆，动手实践、自主探索与合作交流是学生学习数学的重要方式。"而高效的数学学习活动应是在有效的数学学习活动基础上的更高层次追求。

"生本高效课堂教学模式"（新授课）的基本流程为：

（1）课前导入，出示目标，创设教学情境。教师一进课堂就可以或让学生听与课文有关的录音或音乐，或讲一个与课文有关的小故事，或展开一段与课文有关的精彩对话，或利用视频短片导入，以激发学生的学习兴趣和学习动机，从而提高课堂效率。

（2）设置提纲，引导自学，找出有价值的数学信息。课前写好小黑板，课上通过小黑板让学生看，明确自学要求，即自学什么内容，用多长时间，如何检测等，并指导学生自学的方法。

（3）提出有效的数学问题。

（4）小组讨论，合作探究，解决数学问题。课堂开展小组合作学习，有利于师生间、学生间的情感沟通和信息交流，有利于鼓励学生从不同的角度去观察、思考问题，发展思维的发散性、求异性。

（5）随堂练习（巩固新知）。

（6）精选作业。

四、注重拓展延伸，培养应用能力

小学数学知识的特点是系统性强，前后联系密切。课后复习能够给学生以总结、探索、发展的空间，这样不仅能巩固和发展课堂所获得的知识，更重要的是开发学生的智力，提高他们的学习兴趣，培养他们发现问题的能力。根据教学内容布置合理的作业，有利于巩固和提高学生的学习成效。首先，学生对作业感兴趣在很大程度上是有效作业的前提之一。教师要用发展的眼光留作业。孩子们愿意选择有所挑战、有所变化的事物，所以要紧紧围绕这一训练核心给孩子留一些有创造性的、有训练价值的题目。其次，教师可以采取多变而富有挑战的形式，围绕训练点，留少而精的作业，既能巩固新知，又不加重学生书写负担。

五、课题研究中存在的问题及今后的设想

（一）在合作学习的过程中，参与性还不够

"生本教育"合作学习的过程以学生的讨论为主，学习中的诸多问题是让学生在讨论、合作、探究中解决的。学习的讨论是以小组的形式完成的，在讨论中不难发现，多数学生都非常活跃和积极，而少数学生似乎是一个旁观者，参与意识差，他们极少发表个人见解，甚至不发表任何意见，在交流时也不发言。这部分学生总是表现出一副事不关己的样子，只是形式地、勉强地去学习，大大降低了学习的效率和教学效果。

（二）在合作学习的过程中，实效性还不够

在教学中，老师们都喜欢采用小组合作（或是同桌合作）方式学习，从小组合作学习的过程、小组代表发言的次数等方面看来，多数同学的能力得到了很大的锻炼，也有了一定的进步。但由于学生间原来的认识特点、经验不同，对事物的理解存在差异，合作时容易出现优生独霸课堂的现象，部分个体还不能从他人不同的观点及方法中得到启迪，也不能丰富自己的理解，学习的能力和解决问题的能力还有待提高，这样两极分化会越来越严重，小组合作的有效性不能得到保证……总体来看，小组合作学习实效性还不够。

（三）在评价的过程中，思维的批判性还不够

在课堂教学中，教师经常对学生的学习做出评价，以便学生了解自己的情况，及时改正错误。所以就要求学生在课堂上学会三听：一是认真听每个同学发言，不插嘴；二是要听出别人发言的要点，培养收集信息的能力；三是听后要思考，提出自己的见解，提高处理信息、反思评

价的能力。但部分同学不善于发现问题，不敢提出质疑，对权威盲从，只会人云亦云。

六、推行"生本教育"实验教学的困惑与思考

（一）对教材的整理与教学内容的理解问题

我们对教材的把握、对编者意图的理解有时还不够到位，尤其是部分年轻的老师，或者是刚接触新教材的老师，对教材的正确把握与理解是非常必要的。

（二）上课遇到的问题

1. 时间分配的问题

从同学们合作学习的情况来看，多数时候有部分学生不能在规定的时间完成自学阶段的任务，或者老师讲课的时间把握不准，或者学生不能按规定的时间完成课堂练习，或者出现课堂意外，等等，会造成不能完成教学任务，给下节课的教学造成影响。这是我们普遍遇到的问题。

2. 小组合作的问题

小组合作有时候也需要根据班级学生情况而定，但有时小组合作既要有合作，又要有独立思考，学生的凝聚力不强，合作意识不强，只有合作，没有独立的思考，形成一种"假会"现象。还有些同学，在组内从不主动参与讨论，什么都不说，什么都不做，一节课下来，什么都没学到。

3. 课堂容量的问题

课堂容量小，有时候规定一节课完成的内容，要用要两个课时才能学完，教学任务和教学时间的矛盾突出。

4. 课堂气氛的问题

课堂气氛是活跃了，但有时是一种假象，而且学生对一节课的知识点掌握得并不如当初预想的那么好。

（三）改进和提高"生本教育"教学效果的方式

（1）对教材的认识还需反复琢磨。

（2）对于小组建设还需细致，加强学生思想上对小组合作的认识。

（3）在评价方面采取多种形式，加强自己的评价意识，达到激励学生的作用。

"生本教育"作为一种教学方法，应是一种符合教学规律、教学原则等教学理论依据的可行性做法。目前仍在实施阶段，全凭教师摸索，缺少专家指导，能够提供给的有关资料相对较少，全体实验教师都感到非常艰辛。但我们将继续沿着课题研究之路勇往直前，我们坚信"世界上没有一朵鲜花不美丽，也没有一个学生不可爱"，所以还将继续学习和摸索，边实践、边总结，尽快弥补自己教学上的不足，真正实现课堂教学的有效性、高效性！

总之，"生本高效课堂"是以学生是否学得积极、学得高效、学得轻松为主要评价标准。一堂成功的生本课，大部分时间应该是学生在老师的引导下进行自学、小组讨论、交流发言，最后获得的课堂；教师以不见自我的方式，成就了学生潜能迸发的自主学习。这种教学方式，以最少的语言开启学生的智慧闸门，以适时的引导提升学生的潜能发展，让学生在课堂上获得愉悦。开展"生本高效课堂教学"专题研究是非常必要和及时的。生本课堂体现了"以学定教"的教学理念。教师在新授课堂上一定要充分相信学生，给学生足够的时间去理解，去体会，去练习。在这个过程中，学生自由寻找求助伙伴，形成合作学习。此时教师也要随时洞察学生的知识掌握情况，及时调整自己的课堂预设。这样，才能真正做到因材施教，让差生张开嘴、用起手、动起脑来，真正实现一切为了学生，为了一切学生。只有建立在学生认知水平、知识能力"最近发展区"上的"以学定教"的课堂教学才能具有较强的针对性，教师的教与学生的学也才能最大程度产生共振共鸣；只有把学生当作学习任务的"首要责任人"，教师由教的"控制者"变为学生学习的"共同体"时，"充满生机与活力"的课堂才能实现；也只有当教师不拘泥于预设的教案，"眼中有学生"，能及时捕捉到学习进程中的信息并快速调整自己的教学思路时，课堂教学才能是有效的。同时要把思考的权利、时间和空间还给学生，让学生充分表达自己思想和展示思维过程，让他们在质疑问难和讨论交流中获取知识，提升能力，感受成功的愉悦。

利用"三教"引领小学数学教学，培育学生的核心素养

王德兴

（贵州黔西南州兴义市敬南镇山脚小学 562402）

【摘　要】通过在课堂中教思考、教体验、教表达即"三教"理念，将学生和课堂连接起来，让学生成为课堂的主体；通过牵引式的教学方式，将教学知识融合进课堂教学中，让学生真正理解数学知识，培养灵活的数学思维；让学生在"三教"的教学下，提高对小学数学知识的学习理解，提高自身的数学学习能力，养成良好的学习习惯，培育核心素养。

【关键词】"三教"教学；核心素养

小学是学生学习数学较为重要的一个阶段。数学课程本身就是实际问题转化成抽象的数学理念的过程，对于小学数学的知识点教学，教师需要让学生养成自主探究的良好学习习惯，通过"三教"的教学思想，从根本上让学生真正理解小学数学知识的意义和解题方法，并且通过小学数学课程的学习培养学生良好的数学能力，使学生在小学数学的学习中，从思考到体验，从体验到表达，提高小学数学的教学效率。结合笔者的实践经验，具有如下两点看法。

一、当前小学数学教学中存在的弊端

（一）学生学习较为被动；对学生自主学习习惯的培养不够重视

形成良好的自主学习习惯不仅对学生的学习生活会有很大的帮助，而且能帮助学生在以后的人生中适应瞬息万变的社会。然而，纵观当下的小学数学教育，却恰恰忽视了对这一能力的培养。许多教师认为小学生没有独立自主的思想，自然更谈不上培养自主学习的习惯，因此，教

师往往采取"满堂灌"的方式让学生接受被动式的学习，没有以学生为主体，让学生主动参与到学习中来，没有重视学生自主学习习惯能力的培养。这种现象的后果就是，当学生离开教师的安排后就无所适从，没有自己独立的思想，不会运用被"灌输"的知识解决实际的问题。这对于自身学习兴趣以及各种能力的培养有非常大的危害。

（二）过于重视考试成绩，忽视对学生综合素质的培养

由于存在升学考试压力，许多学校将成绩作为衡量学生价值的唯一标准，却忽视了当今社会最为重视的综合素质能力。在现在的小学数学课堂中，许多教师也是以成绩来定夺一个学生的各个方面，根本认识不到培养学生综合素质能力的重要性。许多教师虽然深知在教学活动过程中，教师应激发学生的学习积极性，向学生提供充分从事数学活动的机会，帮助他们在自主探索和合作交流的过程中真正理解和掌握基本的数学知识与技能、数学思想和方法，获得广泛的数学活动经验，但由于面对考试的压力，教师在实际的教学活动中，时常避开这样的认识，走为考试服务的捷径，把培养能力晾在一边。这种理想与现实之间的差距让许多教师身不由己，也让这一问题成为许多教师无法解决的难题。

（三）教学模式过于单一，缺乏创新

许多教师的教学模式从教以来几乎没有变换过，更不要说跟随着时代的发展为教学模式注入更多的新鲜元素。单一的教学模式制约着小学数学教学的改革和发展，若一味遵循着传统的教学方法，缺乏创新意识的话，培养出来的学生也难以适应当今时代的发展。所以，这也是小学数学教学中急需解决的一个问题。

二、用"三教"的教学理念能够提高学生对小学数学的学习理解

（一）教思考

教会学生知识和解题技巧只是基础教学内容，让学生融入数学学习中，教会学生如何思考，善于思考，是数学教学中的根本。学生只有学

会在面对数学问题的时候，自主探究思考，而不是遇到问题逃避和等待，才能调动学习数学的积极性，从而加深对数学知识的理解，最终熟练掌握数学问题，在生活实际中灵活运用。

一次，在圆的面积计算练习的思维训练时，教师出示了这样一道习题：一根绳子长31.4分米，用它围成的正方形面积大还是围成的圆的面积大？算一算，你能发现什么规律？题目出示后，同学们信心十足，各小组合作探究的气氛非常浓厚，围着一起讨论、翻书查资料、低头计算……一会儿便有不少的学生陆续发言。接着教师设计了两个经典提问：① 你们还能发现上述正方形和圆之间有什么关系吗？一石激起千层浪，学生借助计算器纷纷计算起来。② 假如周长不是31.4分米，而是12.56分米、30分米或者其他的长度，围成的正方形和圆还有这种关系吗？学生的思维又一次被激起了高潮。学生不仅在思考和创新的感悟中感悟了新知，而且在探索和交流的过程中增长了才智，真正成为知识获取过程中的主动参与者，成为课堂学习的主人。学生不仅学会了知识，更重要的是学会了学习，学会了创造，拓展了思维，促进了发展。

因此，在教学中最重要的是让学生有思考的机会。要尽量让学生去发现一些问题、研究一些问题、讨论一些问题、感悟一些问题，使学生在解决问题的过程中有一种"我能行、我快乐"的感觉，感受成功的喜悦。

（二）教体验

体验式教学法是通过教师让学生体验课堂教学的方法，让学生体验教学，提高学习的能动性和趣味性。记得有一位教育家曾说过："儿童的智慧就在手指尖上。"过去，我们的数学教学片面重视知识和结论，忽略了学生的认知过程和感悟，严重束缚了学生的思维。在新理念的指导下，我们不但应把实践操作活动作为学习知识、掌握知识的一种方法，而且还要挖掘表象隐含的智能因素，使学生的认知结构进一步优化。

例如，"小时、分、秒"的教学，涉及时间这一抽象的概念和进率复杂的计量单位制，是低年级小学生比较难以理解的。教学时可采用以下层次的动手操作实践，实现对数学知识的理解。

（1）首先让学生动手制作钟面，感知将圆周等分60份的方法（先用折纸法将圆周分成12等份，再将每份等分5小格），并且要求学生依照时钟每五格标注一个数字，让学生在动手制作活动中形成对时间概念的表象。

（2）在动手制作的基础上，再让学生观察时钟钟面，熟悉其中的秒针、分针和时针，理解它们每走一格或每走一圈所表示的时间。

（3）观察秒针和分针、分针和时针的转动情况，注意前者转一圈时，后者转几小格，从而弄清时、分、秒的进率。

（4）学会看钟面，能正确说出指针在钟面上所表示的时间，并且学会将指针拨到具体时间所在的位置。

（5）体验时间概念。联系实际感知一分钟、一小时时间有多长，先让学生说说，跑60米，从家里走到学校，做一次广播操，上一节课等，大约各需要多少时间，再让学生自己动手测量一下，数一数一分钟自己的脉搏跳几次，一分钟大约能做几道口算题，一分钟大约能写几个正楷字等。

以上几个动手操作的体验环节，使学生逐步建立时间的初步概念，培养了学生尊重客观事物的态度、科学探索知识的能力以及勇于创新的精神。

（三）教表达

表达是学习的最后步骤，也是最关键的一步，良好的数学表达方式是检测学生对知识掌握的灵活程度。学会知识和理解知识只是教学的前提，如何让学生能够反向思维，从生活实际中灵活运用数学知识，完全明白数学知识的用途才是关键。

如教学"4"的内容时，有位教师就地取材，拿出一个汽车玩具向学生展示，边展示边问学生："汽车有几只轮胎？"当学生回答"有4只"时，教师转动一下小汽车的方位后又问："你现在能看到几只轮胎？"学生齐声答道："看到2只轮胎！"教师接着问："还有几只轮胎没看到？""还有2只没看到！"教师再次转动小汽车方位继续问："现在看到几只轮胎，还有几只没看到？"学生兴致勃勃地说："看到了3只轮胎，还有1只没看到。"……由于小汽车是小朋友喜爱的玩具，如此反复几次，引发了学生极大的兴趣。学生在教师一连串的提问中，通过看到汽车轮胎数和没有看到的轮胎数，感受了"4"的组成与分解，体会了有关"4"的相应加、减法的过程，体会到数学就在身边。

综上所述，通过教思考、教体验、教表达的"三教"理念，将学生和课堂连接起来，让学生成为课堂的主体；通过牵引式的教学方式，将小学数学知识融合进课堂教学中，让学生真正理解小学数学的运算规律和学习方法，培养灵活的数学思维；让学生能够在"三教"的教学下，提高对小学数学的学习理解，提高自身的数学学习能力，养成良好的学习习惯，培养学生的核心素养。

参考文献

[1] 陈芝熹. 基于新课程论函数思想在数列中的重要性[J]. 亚太教育, 2015（8）.

[2] 李玲. 数学史融入数列教学的行动研究[D]. 华东师范大学, 2016.

浅谈"三教"理念在农村小学数学课堂教学中的应用

王 英

（贵州黔西南州兴义市敬南镇山脚小学 562402）

【摘　要】"教思考，教体验，教表达"三个内容，在一节课中应该相互联系，相互促进，浑然一体。教思考，重在培养思维能力；教体验，重在积淀人的素养；教表达，重在培养交际能力。

【关键词】小学数学；"三教"理念

新一轮的课程标准告诉我们，数学是人类文化的重要组成部分。数学素养是现代社会每个公民所必备的基本素养。小学生是祖国的未来、民族的希望，对全体小学生实施核心素养的培养刻不容缓。在小学数学课堂中，学生是否积极思考、动手体验、交流表达是评价课堂教学成败的重要标准。在小学数学课堂教学中，老师采用"教思考，教体验，教表达"的教育思想来培养学生的数学素养，达到培养学生综合能力的目的已逐渐成为小学数学课堂教学普遍重视的一种教学理念。那么作为小学数学教师，如何在课堂教学中培养学生良好的学习素养呢？这就需要教师在教学过程中教思考，教表达，教体验。结合本人的课堂教学实践，其主张如下。

一、教学生思考

教思考，就是要教学生学会数学问题的思考，让学生会用数学的眼光观察世界，注重数学抽象和直观想象核心素养的培养。从小学开始，就要诱导学生，在学习中不断发现问题、提出问题、分析问题和解决问题。学生自己发现和提出问题是创新的基础；独立思考、学会思考是创新的核心；归纳概括得到结论和规律，并加以验证，这是创新的重要方法。

（一）关注学习起点，让学生找到方向

在教学中，我有时埋怨：这么简单的问题，学生怎么不理解？原因就是没有关注学生的学习起点，没有把学生储备的知识和生活经验调动起来，这样，学生茫然无措不知从何入手。所以，以关注学习起点为基础，让学生找到思考的方向是教师需要注重的工作环节。比如在"认识图形"教学中，第一环节是让学生欣赏美丽图片，学生自然就调动了平时的知识储备和生活经验，能够从具体情景中抽象出这些平面图形。下一个环节，教师就不必在认识图形上费功夫，让学生直接把图形分类就可以了。启发学生认识图形之后让学生深入了解图形的特征，找到继续深入思考的方向，不在原有知识基础上徘徊。

（二）激发学生思维，让学生敢说

课堂上学生说自己的想法，不断从别人的阐述中总结和学习，其实这就是学生在积极思考。在教学"两位数加两位数"时，有这样一个片段：

师：25+6，你是怎样想的？

生：老师，我是这样想的，列竖式。

师：竖式？（因为没有学，也不想让学生较早接触竖式）口算可以吗？

生：（没有回答）

让学生试一试，有什么不可？这时让学生接触竖式，难道不是一件好事？课后我不断地反问自己。在第二个班的课堂上，我让学生畅所欲言。

生：我的方法是竖式，老师您说用口算，我一下子算不出来。

师：说说你是怎样列竖式的。

生：先写上25，再写上6，就得31。

师：先写上25，（板书），再写上6，（写在十位的下面）

生：不对不对，应该写在5下面。

师：老师不明白，为什么要写在5的下面。

生：（说不出来）

又有一位学生举手。

生：因为6是个位数，它有6个1，25里面的5有5个1，2是在十位，它表示2个10，所以应该写在5的下面。

学生经过自己的努力发现了新方法，这是非常可贵的。不管学生从

哪里得到的，或许不全面、不完美，都需要教师给以鼓励，帮助他们树立信心。让学生敢于思考、敢于表达，这样才能激发学生的思考，不断提升学生的思维能力。

（三）在教学活动中体验思考过程

要使学生养成良好的思维品质，教师需要在教学活动中让学生体验完整的思维过程。例如，在学习"圆形的周长"时，先出示各种图形让学生观察，指一指，描一描它们的周长；再想一想如何测量图形的周长；然后亲手测一测，验证自己的想法；最后回顾反思，什么是圆形的周长。在活动中，调动学生原有认知和经验，引导学生进行猜测、解决、验证、总结，让学生经历一个完整的思维过程。

再如，在解决问题过程中，先出示题目或情境让学生审题，找出关键信息，对题目进行阅读理解；然后通过语言叙述、画图、写数量关系等方式进行分析再解答；最后进行检查验证。让学生从思维起点（问题）入手，经过分析、理解、解答、验证，再回到思维的起点。

孔子曰，学而不思则罔，思而不学则殆；说明思考在学生学习中有重要的作用。"数学思考是教学的心脏"，数学思考也是新课程标准提出的数学教学目标。但让学生在课堂上如何思考，怎样思考才有效，学生在何时需要思考都需要我们老师进行正确的引导，这样学生才能进行有效的思考，才能达到数学思考的目的，从而提高分析和思考问题的能力。具体而言，小学数学教学中的思考包括三个方面。① 有层次的思考。即要懂得根据题目内容分层次进行思考。② 有方向的思考。一节课的问题有轻有重，教师要引导学生学会判断轻重，并能正确把握题目所要解决的问题方向。③ 有深度的思考。数学问题内含层层逻辑，教师要引导学生理清数学问题中的种种关系，让学生的思考有深度。

二、教学生体验

教体验，就是要引导学生亲身参与数学问题情景，体验数学问题的抽象奥妙和实用性。让学生会用数学的思维分析世界，注重逻辑推理和数学运算核心素养的培养。数学教师在教学中不能单纯地讲数学或让学生练习数学题，而应引导学生在"做数学"中学习数学。在不同的阶段，都要重视教学生"做数学",引导学生在"做数学"中发展、积淀个性化的素养,让每个学生都得到相应的发展。

数学来源于生活,又应用于生活,学生要把生活中的数学变成抽象的数学,必须有体验学习的过程,而获得体验的最好方法,就是亲身参与。心理学告诉我们:一个人只要体验一次成功的喜悦,便会激起无休止的追求意念和力量。小学阶段的学生通常要将他们日常生活中的许多活动规范化、系统化,并在其间得到经验,通过已有经验去感知新事物。正是通过已有的"经验",学生才能经历知识从具体到逐步抽象的过程,从而获取知识,得到新的经验。在数学课堂中教学生体验可以根据学生的学习情况和学段特征综合考虑。

体验就是要用感官去感知,在感知中获得认知经验的积累和提升。在学习中综合利用各种感官,最终有效地从数学问题情景中获得对数学问题的深度认识。

三、教学生表达

教表达,就是要引导学生学会表达数学问题,表达自己对数学问题的解决思路和方法。生活中方方面面需要表达,学会数学的表达,也是学习生存能力的一方面。数学是一门非常严谨的学科,很多数学老师认为口语表达能力是语文老师的事,应由语文教师来培养,因而一心只注重学生的分数,认为只要学生把老师教的知识学会就达到了目的,这种认识是没有道理的。对学生表达能力的培养所有老师都有责任,语言表达是否准确体现着数学思维能力的周密性,语言表达的多样化则体现着数学思维能力的丰富性。数学思维和语言表达能力相辅相成,在教学中,通过培养学生的表达能力,充分挖掘学生的潜能,才是培养学生数学素养行之有效的方法。

在小学数学教学中,为了促使学生思维的发展,培养表达能力,使信息得以及时反馈,及时改正错误以及帮助学生理解和掌握知识,课堂上应创造条件让学生多说,加强对学生说的训练,激发学生"多说、敢说、想说、会说"的欲望,重视"口头表达能力"的培养。多"说"是指在课堂中要给学生提供更多的表达自己思想、观点、看法的机会,帮助学生提高口头表达能力。

（一）教师示范

学生年龄小，独立表述十分困难，他们往往从模仿别人讲话开始学习表达，这时，教师的示范作用尤为重要。教学时，教师的语言是启发学生想象、促进语言发展的重要因素，教师要力求用正确、清晰、生动的语言来讲述数学概念、计算方法等。教师示范着说，学生模仿着说；学生通过模仿的媒介而接受这些信号，进行内化，逐渐成为自己的语言表达。

如：教学 9+2 时，教师在用凑 10 的方法（看大数、拆小数、凑成 10）讲清计算过程后，让学生看着实物演示图、算式，照着样子讲，学生在领会的前提下模仿出来，学会讲述计算过程。

算式图：9+2=11。

学生表达：看见 9，想到 1；把 2 分成 1 和 1，9 和 1 凑成 10，10 再加 1 得 11。

教学时，还可以请口头表达能力强的学生来示范，带领大家讲述。如：学习了 9+几后，在教 8+几时，可以鼓励学生自己试述计算过程中的思考过程，学生们的积极性被充分调动，争当"小教师"。请想说的同学试着说一说，说给大家听。等相对较弱的学生也能完整表达后，请同桌学生互相说说，互相评价说得好不好。个别学生说不完整，可由同桌帮着说，最后让全班学生来说。

教师的示范，同学们的示范，给大家发言领了路，同学们学有榜样，全班口头表达水平随之提高了。

（二）口算练习

每节数学课在前 5 分钟进行口算练习，练习结束立刻对答案，学生在对答案的过程中锻炼了口头表达能力。这个环节不仅能锻炼学生的口头表达能力，而且还能集中学生的注意力，一举两得。

（三）提供机会

在数学课堂上，时时处处注意对学生进行开口说的强化训练。如：教学口算题时，不但要求学生说出口算的得数，而且训练他们"动口"说出想法和口算过程；教学计算题时，要求学生不但会计算，而且会说出运算顺序；教学简算题时，要求学生说出简算的理由，即说出是运用了什么运算定律或性质来简算的；教学判断题时，要求学生会说出错误的原因；教学解决问题时，要求学生不但会解答，而且会"动口"说出数理以及解答过程。

总之，在小学数学课堂教学中加强"口头表达能力"的训练，可以活跃课堂气氛，培养学生爱动脑筋、爱表达的良好习惯，提高说话能力。更重要的是，学生在"说"的过程中，有利于学习数学知识，又能增强"初步的逻辑思维能力"。数学课堂中加强"口头表达能力"的培养，对提高学生的素质起到了重要的作用。

在"三教"理念指导下的数学教育教学过程中，根据学生不同阶段的认知特征，可以通过教会学生"想数学"，引导学生"做数学"，鼓励学生"说数学"，以促进学生核心素养的发展。

四、结　论

"教思考，教体验，教表达"三个内容，在一节课中应该相互联系，相互促进，浑然一体。笔者非常同意吕传汉教授说的"教思考，重在培养思辨能力；教体验，重在积淀人的素养；教表达，重在培养交际能力"。

在目前的小学数学教学中，"三教"教育的理念还没有普及，并且还存在很多的问题，很多教师还是习惯于采用传统的教学方法。当然，要改变一种教学方法，不可能是一蹴而就的，必须循序渐进。只有让"三教"教育思想深入人心，让全体教师意识到当前背景下学生核心素养培养的重要性，才能使教师们反思自己教学上存在的偏差。这样，"三教"教育方法才能够在学校被普遍采用，学生的核心素养才能够得到最大程度的提高，才能用"三教"理念促进创新型人才的发展和培养。

参考文献

[1] 王培璐. 小学数学"体验式"教学的校本研究——以昆明市 XS 区 YJ 中心学校为例[D]. 云南师范大学，2016.

[2] 熊华. 加强数学思维渗透，发展数学思维能力——对人教版小学数学教材"数学广角"修订的几点思考[J]. 课程·教材·教法，2011（09）.

乡村小学数学"三教"教学实践经验总结

陈祖芳[1]　韦厚祥[2]　黄元斌[3]

（1. 贵州兴义市敬南镇山脚小学　562402；2. 贵州兴义市教育局发展中心　562400；3. 贵州兴义市教育局发展中心　562400）

温家宝在全国教育工作会议上指出，推进素质教育，培养全面发展的优秀人才和杰出人才，关键要深化课程和教学改革，创新教学观念、教学内容、教学方法，着力提高学生的学习能力、实践能力、创新能力。要为学生创造充分的自由发展空间。注重维护学生的尊严和人格，尊重学生的意愿和选择，激发学生的学习兴趣和好奇心。2014年1月，贵州师范大学吕传汉教授在国内首次提出在数学教学中教思考、教体验、教表达（简称"三教"）的教育理念，尝试用"三教"引领"创设数学情境与提出数学问题"教学，进而培育学生核心素养，因此，在乡村小学数学课堂里，如何用"三教"进行教学，培育学生核心素养至关重要。经过几年的探索与实践，笔者有如下五方面经验和体会。

一、实施专家引领，加强理论学习

四年来，我们把"三教"教学理念的学习作为教师理论学习的主要内容，为实现"三教"理念更好地融入课堂，积极组织教师参加市教育局组织的业务学习，邀请专家为我们作"三教"教学专题讲座，选派教师参加贵州省教育厅组织的"三教"教学实践观摩课、示范课，邀请具有一定经验的教师到校上观摩课、示范课，从而转变教师观念，提高教师专业理论水平和实践能力。定期对骨干教师进行重点内容辅导，通过学习培训，尝试用"三教"引领"创设数学情境与提出数学问题"教学，进而培育学生核心素养，从而解决教师理论缺乏问题以及驾驭课堂教学能力不足的问题。

二、以课堂大练兵为抓手，加快"三教"课堂教学实践步伐

采取参加校内外比赛的方法，转变教师教学观念，以此激发教师的热情；通过教研组、学校磨课，逐步推荐教师参加学区、实验区以及兴义市举行的课堂转型大赛，让教师体会到课堂上教师"让出三尺讲台"，真正把课堂还给学生的益处，体现出学生主体与教师主导地位，收获课堂成功的喜悦，从而彻底转变教学观念，全面提高教育教学质量，实现教育优质资源均衡发展。自尝试用"三教"理念实践教学以来，教师获得省级"优课"6节，省级一等奖2节，省级二等奖1节，市级二等奖6节；陈祖芳老师的精品课程"利用课题研究，引领教师专业成长"在省教育厅精品课程遴选中获得优秀以上等次。

三、以贵州乡村名师工作室为载体，推进课堂教学方式转型，落实"三教"实践

为打造一支思想觉悟高、业务能力强、有上进心的教师队伍，充分发挥乡村名师的率先垂范作用，我们加大名师的专业引领、辐射作用，依据贵州乡村名师陈祖芳工作室，通过专家引领，团队合作，自身努力，共培养出省级名师1人，州级名师2人，州级乡村名师1人，市级名师4人，市级骨干教师12人，市级学科带头人1人；在"三教"实践中，让他们做好"传、帮、带"工作，帮助青年教师成长，使他们成为师德高尚、业务精良、具有丰富教学经验及管理能力强的团队，共同推进"三教"教学理念在实际课堂中的教学。

四、利用课题研究，落实"三教"教学理念

自开展"三教"教学实践以来，我们申报立项了州级课题"转变课堂教学方式，构建小学数学高效课堂""小学数学课堂教学中动手操作有效性的研究""小学数学课堂教学中情境的创设与利用研究"共三个课题，这三个课题均得到市教育局专家的指导，顺利开题。我们要利用这些课题研究，促进"三教"教学理念的实践应用，最终营造出教师教得轻松、

学生学得愉快的教学氛围。

五、实施"三教"理念，教学效果显著

将2017年春季学期和秋季学期进行比较后发现，实施"三教"理念教学后，学生成绩整体呈上升趋势，二年级学生数学平均分从81.09提升为84.22，提升了3.13分，及格率由84.62%提升为94.59%，提升了9.97个百分点；三年级数学及格率从82.05%提升为88.89%，提升了6.84个百分点，平均分从73.6提升为77.3，提升了3.7分；六年级数学平均分高于镇平均分20.01分，及格率高于镇及格率28.07个百分点。

2017年秋季学期与2018年春季学期进行比较，学生整体成绩呈上升趋势，一年级数学平均分83.41，高出镇平均分6.4分，及格率与全镇持平，为90.91%；二年级数学平均分从81.09上升到86.35，上升了5.26分，优秀率从81.08%上升到83.78%，上升了2.7个百分点；三年级数学平均分为71.6，高出镇平均分1.72分，及格率为82.61%，高出镇及格率7.91百分点；四年级数学平均分70.14，比镇平均分高6.38分，及格率76.32%，比镇及格率高12.32个百分点；五年级数学平均分56.63，高出镇平均分0.34分，及格率50.00%，高出镇及格率0.16%。

综上所述，实施"三教"教学实践以来，学生的平均分、及格率整体成绩比上学期有所提高，其主要原因是教师在课堂教学中改变了以往的教学模式，大胆尝试用"三教"引领"创设数学情境与提出数学问题"教学，采取的具体措施是：

（1）在教学中做到从理论到实践的转化，大胆实践和探索"课堂教学方式转型"教学模式。加强在预习课上小组合作交流的指导，深入研究指导学生预习的有效方法，不断培养学生的自学能力。

（2）积极参加学校开展的校本教研活动，通过公开课、研讨课、示范课、课堂教学比赛、经验交流会、专题探讨研究等多种方式，提高自己运用"课堂教学方式转型"课堂教学模式的能力，不断巩固学习成果，不断深化创新课堂教学模式，尽快掌握"三教"教学理念的实践应用，准确地指导学生自学，信心十足地进行展示，及时进行反馈矫正，保证课堂教学的优质高效。

（3）把兴义市教育局提出的"课堂教学方式的转型"，运用到自己的

课堂教学中。

（4）在教学中注意教给学生知识和学习的方法，使学生会说、会表达、会操作，学得轻松、快乐。

（5）转变学生学习方法，培养学生自主、合作、探究的学习能力，构建教师教得轻松、学生学得愉快的有效课堂。

（6）找准"切入点"，借机互动；寻找"兴趣点"，以趣引动。教学中，善于抓住符合学生身心特征的"兴趣点"，以学生喜爱的方式开展教学活动，激起学生参与互动的欲望，达到提高师生互动有效性的目的。

（7）关注参与面，鼓励参与互动。提供个性化舞台，吸引学生参与。在有效的师生互动中，教师更应关注的是全体学生。教师在组织师生互动时，必须关注学生间客观存在的差异，尽量引导不同层面的学生参与互动，让他们展示不同层面的思维水平，从而调动起各个层面学生的学习积极性。

总之，课堂教学方式转型是教育改革的关键环节，它直接关系着教育质量的提升。作为课堂教学中的引导者、促进者与参与者，我们在课堂教学中的每一个具体行为都应当精心地思考、精巧地设计，让我们的课堂活跃起来，做到从情景中提出问题、解决问题、激活学生的思维，从引导表达、交流入手，促进学生思考，从活动中获得体验，加深思考，从而营造一种教师教得轻松、学生学得愉快的教学氛围。

乡村小学数学"三教"教学实践

罗礼艳

（贵州省黔西南州兴义市敬南镇布雄小学 562402）

2014年1月，贵州师范大学吕传汉教授在国内首次提出在数学教学中教思考、教体验、教表达（简称"三教"）的教育理念，尝试用"三教"引领"创设数学情境与提出数学问题"教学，进而培育学生核心素养。由于本人所在的学校地处农村，学生见识较少，加上父母纷纷外出打工挣钱，把年幼的孩子留给年迈的爷爷奶奶、外公外婆，使得这些孩子亲情缺失，沉默寡言，学习上没有主动性和积极性。如何在自己的课堂落实"三教"教学？经过四年的探索与实践，笔者有如下几方面体会。

一、抓住时机，培养学生积极的说话心态，做到课堂教学中"教思考"与"教表达"

当前学生表达能力存在的困惑表现在：第一，学生的知识水平有限，理解能力均有差异，教师在教学过程中急于让学生说出正确答案，只注意少数几个"优等生"，使多数学生成为陪客，长此以往，多数人得不到锻炼，便不善于表达；第二，部分学生性格内向、害羞，不愿在大庭广众之下发言；第三，当一些学生说错了时，会受到相当一部分同学的嘲笑，使学生没有勇气说话。因此，要根据学生的不同情况，不断地鼓励学生，培养学生健康、积极的说话心态，让他们想说并喜欢说，激发学生说话的欲望。对不同水平的学生要有不同的要求，鼓励学生大胆说，尽量给全体学生说的机会。

在教学小学四年级下册"三角形的内角和"时，我设计两个大小不同的三角形，对同学们说，今天给他们带来了两个小朋友，一个又高又大叫大大，一个又小又矮叫小小，它们因为自己内角和的大小而发生争论，从而引导学生发言。这种既有趣又简单的数学情景，让学生在思考中发言，培养学生的语言表达能力，并在学生发言的时候给予充分的肯定，让学生积极表达，大胆表达。又如在教学"三角形的面积"时，我首先创设情景——老师去兴义市第一小学参加少先队辅导员培训时，兴义一小老师发给我一块红领巾作纪念品。看到这块红领巾，同学们有什么话要给老师说？一个同学说这块红领巾很漂亮，另一个同学说这块红领巾很大，大家纷纷发言，其中有一个同学说这块红领巾需要多少布才能做出来。这就导入了本节课的课题，这样的情景既培养了学生的思考能力，又培养了学生的表达能力。

二、从情景中提出问题、解决问题，激活学生的思维

在课堂教学中，优化的问题情境，能形成一个强大的磁场，启发和推动学生积极思考，能使学习内容变静为动，变抽象为具体。恰当的问题情境，能营造学习情绪高涨的氛围，促进学生积极分析问题和讨论问题，最后解决问题。精当的问题情境，能调动学生学习的积极性，促进学生思维的发展，从而有效地培养学生的自主学习能力。

陈祖芳老师在教学一年级的加减混合运算教材67页天鹅例题1时，请学生观察情境图，问：你看到了什么内容，你能提出一个什么数学问题？（湖里有4只天鹅，又飞来了3只，一共有几只天鹅？）根据学生的问题列式（4+3）。他再让学生观察第二幅图，提问：你看到了什么内容，你又能提出一个什么数学问题呢？

湖里有4只天鹅，飞来了3只后又飞走2只，现在有天鹅多少只？问题列式（4+3-2），引导学生说出4+3-2所表示的意义。（湖里原来有4只天鹅，飞来了3只，又飞走了2只，求现在天鹅的只数）

采用利用数学情景，提出数学问题，不仅体现吕传汉教授提出的数学情景与提出问题教学模式，同时体现了教思考和教表达的教学理念，从而达到从情境中提出问题—解决实际问题，激活学生思维，培养学生表达能力的目的。

三、加强思考能力的培养，做到"教思考"

数学思考力是义务教育阶段数学学习的核心目标。数学课标中指出：

数学教学活动，特别是课堂教学，应激发兴趣，引发学生的数学思考，鼓励学生创造思维。所以，在课堂上引导学生在数学思维活动中养成良好的数学思考力，是教师的首要任务。我认为有以下4方面。

（一）激发兴趣，乐于思考

兴趣是学习的敲门砖，也是学习的原动力。学生学习数学的兴趣是影响今后学好数学、积极思考的重要因素，而且会影响到以后的学习态度和信心。因此，在数学课堂上要注意激发学生学习的热情，使他们勤思乐学。首先，直观形象，激发兴趣。人的思维是从具体到抽象，从形象思维向抽象思维转化的。特别是低年级小学生的思维带有明显的具体性、形象性的特点。因此在教学过程中首先要坚持直观形象这一原则，即用具体、形象、生动的事物充分调动学生的多种感官，让学生有充分的看、摸、做、听、说的机会，从而引发思考。其次，设置情境问题，使学生产生数学思考的兴趣、动机。恰当的数学情境可以让学生觉得数学就在身边的生活中，充满了挑战和乐趣，对数学知识感到亲切可信。

（二）加强训练，培养思考的敏捷性

学生的思考不仅要合情理，还要有一定的速度，使思考有敏捷性。学生的思维缓慢迟钝，显然是思考力低下的表现。所以数学课中，教师要在训练学生的思考合乎情理的前提下，做到思维敏捷。

首先，创设练习情景，限定时间完成任务，使学生专注地思考。如在应用题教学中，教师出示题的内容后，让学生在三分钟内阅读理解题的内容，并分析其中的数量关系，超时题的内容自动消失，这样的训练使学生专注快速地思考，提高了思考的速度。其次，要在学生明白解题原理和方法的前提下，通过速算来加强训练，提高思考速度。

（三）巧设难题，思考有深度

教师在教学中，为了省时或教学顺利，总是愿意让学生完成一些易懂少错的数学任务，使学生感受不到数学的挑战，感觉数学学习寡然无味，注意力难以集中，这往往扼杀了一些学生的思考力和创造力。学生的头脑如果总是接受不到有一定难度的思维挑战，就好比是给聪明伶俐的头脑做催眠术，不自觉中就会变得迟钝起来。因此，教师要针对不同

层次的学生，适时设置学习的"难点"，让学生有研究的成就，使他们在思考有一定难度的训练中得到成功感、自豪感，进而培养爱思考、会思考的能力，使思考有深度。

（四）讲究方法，思考要全面

学生的思考要全面，要在积极参与教学活动的过程中，通过独立思考、合作交流、自主探究等活动培养多角度思考问题的能力，使数学思考有广度。

首先，可以用比较的方法，促进学生提升思考的广度。在课堂上，教师引导学生对同一类问题的不同内容进行比较，利于学生发现它们之间的区别，认识到其本质特征。把同一类问题的不同方面整合到一起，可以使学生思维的广度得到提升。其次，设计数学因素含量多的综合习题，培养思维的广度。

总之，数学课堂应该是培养学生思考力的摇篮，只有不断改进教学理念，始终站在学生终身发展需求的角度来审视教学中培养学生思考力的规律和方法，才能使这一命题更加充实，永远保持鲜活的生命力。

四、从活动中获得体验，加深思考

数学教育的过程就是数学化的过程。王永教授曾提道："数学化是数学知识在教师引导下学生体验数学时的再创造。"只有学生从自己熟悉的生活背景中发现数学、掌握数学和运用数学，在过程中体验数学乐趣，体验生活、体验自主、体验创新、体验成功，才能培养学生良好的数学情感和用数学解决问题的能力。所谓体验学习是人最基本的一种学习形式，是指人在实践活动过程中，通过反复观察、实践、练习，对情感、行为、事物的内省体察，最终认识到某些可以用语言或未必能用语言表述的知识，掌握技能，养成行为习惯，乃至形成某些情感、态度、观念的过程。实际上，数学教学强调学生的学习过程是一个暴露疑问、困难、障碍和矛盾的过程，而现在的很多课堂上过多的喧闹遮掩了不少的瑕疵。究其原因，笔者认为，在新课改的提倡下，教师们往往致力于改变学生的认识、情感和能力，而忽略了学习中必要的体验过程。在教学小学四年级下册"三角形的内角和"时，我首先让学生去量三角形的三个内角，再把它们相加起来，得到的结论是接近 180 度；我采取小组合作让他们把三个角拆下来去拼一个平角，最后让他们折，把三角形的三个角折成一个平角，以这种小组合作探究的方式，让学生体验知识的形成过程，让他们在学习中获得体验，从而加深对问题的思考。

参考文献

[1] 刘英姿. 创设问题情境激活学生的思维[J]. 时代教育（教育教学版），2019（4）.

[2] 彭志超. 关于数学教学中教师思考力的反思[J]. 教育科研论坛，2011（3）：52-53.

[3] 陈亚梅. 用好思考题，提升学生数学思考力[J]. 教学与管理，2014（1）：46-48.

[4] 桂金梅. 数学教学中应重视培养学生的思考力[J]. 软件：教育现代化，2013（16）：275.

谈农村小学数学"三教"教学理念的实践应用

朱 莉

（贵州省黔西南州兴义市敬南镇新坪小学 562402）

【摘 要】"三教"即教思考、教体验、教表达。"三教"是全国著名数学专家吕传汉教授提出的一种全新的教学理念。"教体验"就是让学生会用数学的眼光观察现实世界，注重数学抽象和直观想象核心素养的培养；"教思考"就是让学生会用数学的思维分析世界，注重逻辑推理和数学运算核心素养的培养；"教表达"就是让学生会用数学的语言表达现实世界，注重数学建模和数据分析核心素养的培养。而培育学生的核心素养是未来在小学数学课程中，小学生能够利用数学知识去分析问题、解决问题，并学会用数学语言来展示自己能力的关键。在农村小学课堂里应用"三教"理念进行教学尤为重要。在小学课堂教学中如何应用"三教"理念培育农村学生数学核心素养，这一问题值得我们教师研究。

【关键词】小学数学；"三教"；实践应用

贵州师范大学吕传汉教授提出在数学教学中教思考、教体验、教表达（简称"三教"）的教育理念，尝试用"三教"引领"创设数学情景与提出数学问题"教学，进而培育学生核心素养。吕教授说，教思考，让学生学会分析世界，学会"想数学"，促进学生思辨能力的培育；教体验，让学生学会用数学的眼光分析世界，学会"想数学"，获得个人学习体验；教表达，让学生会用数学的语言表达世界，学会"说数学"，表达、交流加深思考。最终达到培训学生核心素养的目的。那么在小学数学教学中如何应用"三教"理念呢？结合农村小学生的特点，通过本人的探索实践总结如下。

一、创设数学情境问题，激发学生的探究兴趣，引发学生思考

孔子曰："知之者不如好之者，好之者不如乐之者。"每个人都会对感兴趣的事物给予优先关注和积极探索，所以老师们在创设数学情境问题时应从学生熟悉的或是感兴趣的数学情境出发，引导学生发现问题，提出问题。教师在课堂上创设问题情境至关重要，要诱发学生的求知欲，使他们主动参与到课堂教学中来。例如，在学习"升与毫升"这个内容时，可通过讲故事的方式为学生创设一个问题情境：森林里举办聚会，老鼠小弟喝了5杯酒都没醉，可是大老虎喝了1杯酒就醉了。为什么呢？这样的情境具有童真性，能激发小学生的学习欲望。有的学生说大老虎的酒量不好，有的学生说大老虎和老鼠小弟用的是不一样的杯子，大老虎的杯子大，老鼠小弟的杯子小，所以大老虎一杯就醉了。当听到这样的答案时，教师就可适时为学生导入"容量"这个概念，使学生很快就能明白这个概念的意思，教学任务在无形中得到了解决，学生的数学核心素养也得到了提升。

又如本人在上"平行与垂直"一课时，就利用学生喜欢猜谜语和喜欢玩的特点来创设情境问题。首先出示一个用纸折成的长方体纸筒，每个面上各写了一个字（无始无终），问学生每个字在相同的面吗？然后展开长方体，又问现在四个字在几个平面上？学生回答同一平面上。此时学生会思考在相同的面上字能看得很清楚，引导学生研究的内容是在同一个面上。

（猜谜语）师：用"无始无终"打一个我们学过的图形。生：直线。师：为什么是直线？生：因为直线没有端点，可以向两边无线延长。

（玩）老师出示两根小棒，设问：如果这两根小棒掉在桌子上，可能有怎样的位置关系？请同学们想一想，并用自己的两支笔摆一摆，试一试，并把形成的图形画下来。学生动手画出同一平面内两条直线，师提醒孩子：还有其他画法吗？通过一问一答，让学生从一开始参与到数学问题中来，激发了学生的探究兴趣，引起学生的数学问题思考，从而达到教思考的目的。

二、自主学习，合作探究，让学生在思考中体验知识的形成

自主学习，合作探究是一种将教学过程转变为学生发现问题、提出问题、探究问题、解决问题的教育教学模式。它能够有效地培养小学生的自主学习能力、合作交流能力和知识探究能力，使小学生的综合素质得到全面发展。又如在"平行与垂直"一课中，我展示学生作品各种情况，进行分类，让学生自己先思考分一分，然后在小组内交流自己的想法，再请同学上来把自己的想法展示给大家看。这下教室里热闹起来，同学们纷纷把自己跟其他同学不同的想法说出来。

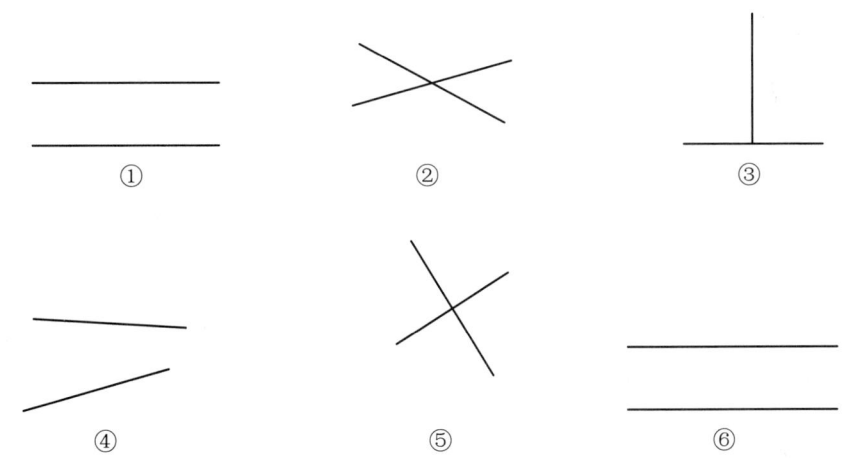

① ② ③

④ ⑤ ⑥

生1：①④⑥没有交叉分为一类，②③⑤交叉了分为一类。

生2：①⑥没有相交分为一类，②③④⑤相交了分为一类，因为④两条直线无限延长后也会相交。

生3：①⑥一组，③⑤一组，②④一组。

通过这样的学习模式，让学生在探讨辩论、合作探究中获得了思考，体验到两条直线的位置关系就是相交和平行。因此，要获得知识的数学活动体验，就要从头想问题、思考问题、解决问题，这个全过程的体验，是培养小学生思维的一种体验，能促进学生具有个性特征的思辨能力发展。

三、在教学中培养学生大胆"说数学"

在课堂上教师要重视引导学生说数学，让学生用数学的语言表达世

界，引导儿童进行自然语言、图形语言和符号语言的转换表达。要鼓励他们敢讲话，敢追问，把自己的思考说出来，在相互表达、相互交流中增强学习体验。

在讲"烙饼问题"一课中，我让学生从开始说到尾，先说 1 张饼怎么烙，需要几分钟，这是学生在生活中经常看到的事情。接着探究说烙 2 张饼、3 张饼的方法，需要多少时间。在体验 3 张饼的烙法后，我放手让学生去讨论 4 张、5 张、6 张、7 张饼的烙法，并让学生在班里说说自己的烙法，通过充分的讨论、交流、倾听、叙述，在体验表达的过程中发现规律。

综上所述，小学生所学知识比较简单，课堂教学要能激发小学生兴趣，需要老师们创设直观生动、与学生生活环境相关又使学生感兴趣的问题情景，在情景问题中去发现问题，提出有关的数学问题，在观察、操作、猜想、交流、反思等活动中体验数学知识的形成过程并在体验中表达出来，感受数学的魅力。

参考文献

[1] 吕传汉，汪秉彝. 论中小学"数学情境与提出问题"的数学学习[J]. 数学教育报，2004（01）.

论小学低年级数学教学中的"三教"教学实践

张成敏

(贵州黔西南州兴义市敬南镇山脚小学 562402)

2014年1月，贵州师范大学吕传汉教授首次提出在数学教学中教思考、教体验、教表达（简称"三教"）的教育理念。在乡村小学数学课堂里，如何用"三教"理念进行教学，培育学生核心素养至关重要，特别是小学低年级数学课堂里，如何贯彻落实"三教"教学理念，是老师关注的热点问题，经过本人的探索与实践，认为有如下几方面需要关注。

一、明确低年级数学教学教"表达"的重要性

在低年级数学课堂教学中，由于小学生的课堂表达能力很差，限制了学生的思维能力的发展。因此，在小学低年级中，加强语言表达能力的培养是非常有必要的。

数学课的教学方法在不断改革，不断推陈出新，如电化教学、直观教学、实验动手等。除了这些方法，在教学中还要加强对学生说的训练。通过"说"，培养学生的逻辑思维能力；通过"说"，加强学生对数学课中数学概念、性质、法则及公式的学习；通过"说"，提高学生口头表达能力；通过"说"，优化课堂气氛，激发学生学习积极性，提高课堂教学效果；通过"说"，增强学生的学习兴趣，优化课堂教学气氛，培养学生思维能力，提高课堂教学效率。在小学数学教学中加强"说"的训练，可以活跃课堂气氛，培养学生爱动脑筋、爱表达的良好习惯，提高教学效果。更重要的是，学生"说"的过程有利于构建数学知识，培养"初步的逻辑思维能力"。因此，数学课中加强"说"的训练，对提高学生的素质起到了重要的作用。在小学数学中开展"说"的训练是一个长期的过程，必须切实贯穿于整个数学教学中，力争让学生有"说"的欲望，形成自己的语言，同时形成语言的规范性、严谨性。

二、多渠道培养学生的思考、语言表达能力，达到教"思考"、教"表达"的目的

学生的学习过程离不开思维活动，而思维活动又是凭借语言来完成的，语言表达的准确、完整，反映了学生思维的准确性和完整性。在数学课堂中经常出现学生会做不会说、说不出的现象，尤其是一年级的学生，由于生活经验少，语言表达能力不强，更经常出现课堂中老师提出问题以后的冷场现象。要解决这一问题就必须从一年级开始，根据教材特点，有目的、有计划、多形式地对数学语言表达能力进行训练。那么，在数学教学中如何创造条件来加强对学生"说"的训练呢？结合自己的实践经验，可从以下几方面进行培养。

（一）培养学生的学习兴趣，唤醒学生"说"的欲望

一年级的孩子正处在多动期，他们的注意力往往不能集中，如果没有兴趣，他们的任何发展都是不可能的。因此，要唤醒学生说的欲望，就必须培养他们的学习兴趣。小学生具有好奇心强、喜欢被表扬的心理特点，因此，在教学中我一般都会根据学生的年龄特点及教学内容来创设各种情境，调动学生"说"的积极主动性，唤醒学生"说"的欲望，让学生想说、敢说、不怕说错，大胆表达。当学生说不出时，我会及时地劝解："不要紧，慢慢想，下次你一定能说的。"当学生说得不太完整时，我会说："不错，如果你能再说得完整一些，答案就更准确了。"当学生说错时，我会友善地说："没关系，你可能某个地方搞错了，再想一想。"当学生有独到见解时，我会毫不吝啬地给予表扬和鼓励："你真肯动脑，太棒了！"当学生中出现彼此嘲笑的现象时，我会及时进行教育，让学生认识到嘲笑别人是不文明、不礼貌的行为，明白每个人在学习过程中都难免会出错。

如班里有个同学几乎不主动举手发言，我提问他，他站着支支吾吾说不出来。于是我鼓励他："没关系，大声地把你的想法说出来，说错了不要紧，老师和同学们一起帮助你。"终于，他大声地说出了自己的答案，我马上夸奖他说得好，而且声音响亮，告诉全班同学要向他学习。从那节课以后，数学课上，当我提出问题时，他经常主动举手发言。平时，

我明确地告诉学生，当老师提出问题时，都可以大胆地说出自己的想法。现在班里的学生已经渐渐形成爱发言、想发言、抢发言的意识。

（二）指导学生"说"的方法，训练学生学会表达

要求学生能准确地把自己的思维活动，通过数学语言表达出来，教师就要经常指导学生"说"的方式、方法，从而使学生都能说，说得正确。

1. 教师做出说的示范

在教学中，教师要有目的地为学生提供准确的语言模式，让学生知道应该怎样有条理地表达。一年级尤其需要教师一句一句地教，先说什么，后说什么。使学生感受到说话要有根据，按照一定条理说。

2. 训练学生学会倾听

培养学生的数学语言表达能力，要训练学生学会倾听和模仿。教师的数学语言要做到准确、精练，思路清晰。课堂提问要有目的性，使学生在老师的引导下，开动脑筋，充分发挥自己的主体作用，探索新知识。

3. 训练学生把问题表述完整

一年级的学生由于年龄限制，没有说完整话的意识，他们在回答问题时几乎都习惯简单地说出答案。因此，无论在教学的哪一个阶段都要对学生进行说完整话的训练。如在教学"比一比"时，我提出问题"3比4怎样"，几乎所有学生都只简单地答"少"或"多"，这时就应及时让学生完整地说出"3比4少""4比3多"。培养学生完整地叙述问题，需要从学生最基础的学习开始，否则，等学生习惯了用简单的字、词回答问题，再纠正就比较困难了。

4. 训练学生把事件说得有条理

数学教学中要培养学生叙述的条理性。如在计算教学中，对于计算过程，应训练学生有条理地叙述，学会正确的计算方法，培养学生的计算能力。

（三）采用各种方式，训练学生的语言表达

数学教学中，"说"的训练，不但要注意引导，还要注意训练方式的

多样化，使人人都有说的机会。

1. 老师示范，学生跟着说

这在一年级的教学中是最重要的一环。这个年龄段的学生还不懂怎样准确使用数学语言，但儿童的模仿能力很强，要有目的地为学生提供准确的语言模式，然后让学生跟着说，随后可适当指名让个别学困生说。这样，让全班学生得到了锻炼，稍差的学生也能树立信心，从而提高他们的学习兴趣。

2. 同桌交流

新授课时，学生掌握了一定的方法，需要用语言及时地总结。简单的几句话，通过同桌间的互相交流，可以使学生掌握解题思路，并能举一反三，灵活运用。而班级中的学困生，也可在同桌的带动下，逐步学会叙述，学会正确地解答。如学习加法后，完成教科书中"做一做"的题目时，我让学生先把每幅图的意思说给同桌听，再独立填写算式。

3. 小组合作讨论

一年级刚开始实施小组合作学习的训练，要先告诉学生汇报的流程，让学生明确先说什么，再说什么，在说的过程中要说出自己的理由。小组合作学习使每一个学生都有发言的机会，也有听别人说的机会；既有面对小组中几个人发表自己见解的机会，又有面对全班同学说的机会。学生为了表达本组的意见，会更加主动地思考、倾听，使全身心都处于主动学习的兴奋中，同时也增强课堂学习的效果。

数学思维往往借助于数学语言进行，而数学语言又是非常严谨的，教师要在数学课上抓住一切机会，重视学生的说话训练，以"说"促"思"，充分挖掘每一位学生的潜能，培养学生学会说数学，让学生在说数学的过程中提高数学知识、技能，从而提高学生的基本素质。

三、让低年级学生在体验中学习数学

（一）体验数学与生活的密切联系，培养学生学习数学的兴趣

兴趣是最好的老师。学生只有对所学的知识产生浓厚的兴趣，才会爱学、乐学。创设趣味浓厚的课堂氛围是激发学生积极主动学习的最佳

驱动力。新的《数学课程标准》明确指出，要重视从学生的生活实践经验和已有的知识中学习数学和理解数学；通过学习数学使学生感到生活中处处有数学，生活离不开数学，从而激发学生学习数学的兴趣。因此，在数学教学中，教师应认真挖掘生活中各种能激发学生学习兴趣的因素，激发学生学习数学的兴趣，增强学生的求知欲望，促使学生思维进入最佳状态，这样才能使学生学得有趣、有效，达到事半功倍的学习效果。

低年级学生年龄较小，富于情感，向师性特别强，容易受感染。根据学生的年龄特点、兴趣爱好，在不影响知识科学性的前提下，教师可巧妙地运用生活化、情趣化、童趣化的数学语言感染影响学生，使学生在充满情趣的语言交流中学习，感到学习也是一种享受，才能学有兴趣，同时也给课堂教学增添一分色彩。在数学学习的过程中，根据学习内容，采用情趣化的数学语言更能感染学生，调动学生学习的积极性。

（二）创设学生熟悉的生活情境，诱发学习数学的兴趣

兴趣总是在一定的情境中产生的。低年级学生的认知水平较低，理解能力较差，在教学中把教材内容与生活情境有机地结合起来，使数学知识成为学生看得见、摸得着、听得到的现实，有利于充分调动学生学习数学的欲望和积极性。新的数学实验教材，将数学知识融入学生喜闻乐见的生活场景之中，如"快乐的星期天""购物——逛商店买文具""我们来当家"等，以色彩丰富的图画形式呈现在学生面前，我们只要用心挖掘教材中的趣味因素，将学生引入情趣盎然的生活情境之中，就能使数学贴近生活，使学生真正体会到生活中充满了数学，感受到数学的真正价值，从而激发出求知欲望，兴趣盎然地投入数学学习之中。

（三）创设充分的活动空间，让学生在活动中经历学习数学的过程，体验学习的乐趣

低年级学生好玩、好动、好奇心强，具体形象思维占优势，对新颖事物特别感兴趣，因此，活动是学生喜欢的学习方式。有效的数学学习活动不能单纯地依赖模仿与记忆，动手实践、自主探索、合作交流都是学生学习数学的重要方式。在教学中应根据学生的心理需求，为他们创设充分的活动空间，让他们在丰富多彩、生动有趣的活动中学习数学、

体验数学，将数学课堂由单纯传授知识的场所转变为学生主动从事数学活动的活动场所，可以使他们在自由、宽松、愉悦的学习氛围中积极、主动地感知、探索数学知识。

1. 动手操作活动

一位教育家说过："儿童的智慧就在他的手指尖上。"让学生动手操作的过程，也就是让学生手、脑、眼等多种感官参与学习活动的过程，它不仅能使学生学得生动活泼，而且对知识的理解更深刻。著名的教育家陶行知的六大解放思想中明确指出要"动一动——解放儿童的双手"，让学生动手操作不仅符合低年级学生的认知规律，丰富他们的感性认识，增强学习效果，而且满足了学生爱动、想动的心理需求。

2. 游戏活动

小学生特别是低年级学生注意力集中的时间短，无意注意占优势，容易被一些新奇的刺激所吸引。根据这一特点，在课堂上如能适时地组织他们在学习中游戏、活动，在灵活多变的游戏活动中学习巩固数学知识，他们就会对学习产生浓厚的兴趣，把注意力长时间地稳定在学习对象上来，使教学收到良好的效果。

3. 合作交流活动

合作学习是学生自主探索的重要学习方式。在课堂教学活动中开展合作交流活动，可以留给学生一定的探索空间，使他们尽情表现，发挥潜能，激活思维，同时可以培养学生的合作精神；开展合作交流，有利于师生间、生生间的情感沟通和信息交流，使学生成为教学活动的积极参与者。

4. 模拟活动

学生具有很强的好奇心，教学活动中可以根据教学的需要，将课堂设置成学生的舞台。如在教学"购物"这一单元的内容时，开设了"文具店"，让学生在小组内购买文具。他们在模拟的购物环境中不仅掌握了人民币的有关知识，也充分感受到买东西的乐趣，提高了社会交往和实践能力。这样更好地把学生的生活经验与数学学习紧密地结合起来，将数学教学变成活动的教学，使学生在积极参与活动的同时，不仅找到了正确的学习方法，也培养了应用数学的意识，提高了解决实际问题的能力。

总之，课堂上教师要充分调动学生的各种感官，体验数学学习的乐趣，最大限度地调动学生积极性。在教学过程中，教师要做到：能让学生观察的尽量让学生去观察；能让学生操作的尽量让学生去操作；能让学生独立思考的尽量让学生去思考；有交流、讨论的机会，尽量让学生去交流、讨论；能让学生获得结论的尽量让学生去获得。给学生一片自由的天空，让学生在亲身体验中，生动活泼、积极主动地学习数学。

参考文献

[1] 冉启成. 引导小学生在体验中学习数学之我见[J]. 速读·中旬, 2014（08）.

[2] 莫汉成. 浅谈"体验学习"在小学数学教学中如何应用[J]. 都市家教（上），2013（09）.

[3] 王丽冬. 如何培养低年级学生的数学语言表达能力[OR/EB]. 新浪博客，2010-12.

[4] 王强. 浅谈如何使低年级学生在体验中学习小学数学[J]. 科学教育前沿，2018（6）.

浅谈在农村小学数学教学中如何践行"三教"教学理念

毛正坤

（贵州黔西南州兴义市敬南镇山脚小学 562402）

【摘　要】2014 年 1 月，贵州师范大学吕传汉教授首次提出在数学教学中教思考、教体验、教表达（简称"三教"）的教育理念，尝试用"三教"引领"创设数学情境与提出数学问题"教学，进而培育学生核心素养。在教学中，笔者结合学生及教学实际，努力尝试践行"三教"教学理念，取得了较好的效果。

【关键词】"三教"理念；核心素养；践行

一、农村教育现状分析

（一）留守儿童——农村教育最大的阻力

随着城市建设的加快，我国出现了"打工潮"现象。每个乡镇、每个村寨最初只有少量的村民到外打工，随着信息的扩散、返乡村民肉眼可见的改变，使村民们"痛定思痛"，含着眼泪丢下年幼上学的、未上学的孩子及年迈的父母，赴外务工，这给我们农村教育带来了前所未有的挑战：家庭教育缺失了、教育合力被打破了、隔代教育产生了，农村教育困难重重。我深深记得一次去家访时与一对老人的对话。我说，叔呀！你们平时可否监督一下孩子回家时的学习？老人给我的回答是：我们是隔代之人，儿子及媳妇将孩子交给我们，我们只能力争让他们不饿着、不冷着，学习方面一是我们不懂，二是孩子也不听我们的，不好管也不敢管呀！联想着网上报道的留守儿童在家出事后的家闹，也不得不理解这对老人。当然不是所有老人都这样想，但这样想的老人一定不在少数。

于是出现了这样一种教育现状：以前周末老师布置的作业都能按时完成，现在一到星期一，老师们都不敢检查作业了，最后干脆放弃布置了，教学质量随着家庭教育的缺失在慢慢下降。

1. 读书无用、唯经济论——学生厌学情绪高涨

村民们尝到打工的甜头，加上这些年就业形势不乐观，很大一部分大学毕业学生没找着心目中理想的工作，也加入打工潮流。于是部分老百姓就认为读书没啥用，还不如早早去打工，早挣钱早成家，这就造成不少农村初中学生的流失，让在校的小学生、初中生人心惶惶，对待学习的态度一落千丈。这可不是一两次思想工作就能解决的，农村教师深深地感到无力、绝望。现在很多人的看法是：票子才是体现一个人价值的唯一。这不得不说是现实的一种悲哀。

2. 校闹——加大农村教育管理的难度

很多人认为只有城市才会出现"校闹"，可随着信息时代的到来，一些恶意信息的散布，使农村教育这块纯净之地越来越复杂，师生之间、老师与家长之间关系越来越难处。当然不排除家长素质提高了、家长维权意识提高了，但过去常见的芝麻大点的事也可能被闹得沸沸扬扬；动不动就付诸调解、上法庭，弄得教师身心疲惫，不能很好地把握教育学生的度，于是一些教师抱着"为了不丢饭碗"的心态，对学生的管理"睁只眼闭只眼"。老师在管和不管之间纠结，教学质量会好到哪里？当然也不排除部分教师管理水平差，缺乏管理艺术。作为老师，我还是呼吁同仁们要提高自己的管理水平，不能放之任之，我们的工作可是育人的工程。

3. 手机——学生杀手

我们的很多学生，上学期学习成绩中上，一到春节时期，一些家长为了弥补自己未能尽到父母职责的缺憾，盲目地满足孩子的要求，手机就成了孩子假期形影不离的玩具。收假了，父母远出了，手机留下了，说是方便联系。学生沉溺于手机游戏中不能自拔，学习成绩不忍目睹。谈话了、家访了、思想工作方方面面都做到了，但能回归正常的学生太少太少，这样的悲剧时时、处处都在上演。你不能说是时代发展的错，只能说是我们大多数家长还没准备好，他们的意识还没到达到正确防范的高度。

二、现代教育教学发展趋势

我国正处在经济转型发展的关键时期，创新人才培养机制、提高人才培养质量也随之进入一个十分重要和紧迫的阶段。中小学教学务必摒弃"唯考试""唯分数"的观念，真正树立人人成才，多样化成才、终身学习、系统培养的理念；摒弃拼规模、比数量的观念，真正以人才培养为中心，以适应社会需要为检验标准，以学生为本，把促进学生全面发展、健康成长作为改革的出发点和落脚点，让每个孩子都能成为有用之才。要以"立德树人"为宗旨，以发展学生"核心素养"为目标，以实现课堂教学转型和建立学校课程体系为重点。

现代教学要以"立德树人"为指导思想，促进学生核心素养的发展，教学中体现课标思想和"三教"理念，突出以学生为中心的教学，突出问题驱动和过程教学，把教的研究转向学的研究，关注全体学生核心素养的培养。2016年9月，兴义市教育局为贯彻落实《教育部关于深化课程改革落实立德树人根本任务的意见》精神，提出了《中小学课堂教学方式转型实施方案》。

三、教师如何进行数学教学，进而最终达到培育学生"核心素养"的目标，以实现课堂转型和建立学校课程体系

下面就结合我们农村教育实际，谈一下我们如何在教学中践行吕传汉教授提出的"三教"教育理念。

"核心素养"是学生在接受相应学段的教育过程中，逐步形成的适应个人终身发展和社会发展需要的必备品格和关键能力。

"三教"主张指：教思考，让学生学会分析世界，学会"想数学"，促进学生思辨能力的培育；教体验，让学生学会用数学的眼光分析世界，学会"想数学"，获得个人学习体验；教表达，让学生会用数学的语言表达世界，学会"说数学"，表达、交流加深思考，最终达到培养学生核心素养的目的。

（一）在数学教学中如何"教思考"

教师可以考虑如下问题：

（1）在教学设计中注重渗透哲学层面的数学思维方法。比如：抽象、概括、归纳、分析（发散思考）、综合（集中思考）、判断（从概念获得、从数学应用中获得）等。

（2）在进行数学知识技能传授的同时，思考有关的思维方法是如何体现的。通过创设恰当的数学情景，引导学生通过思考"发现问题"，进而"提出问题"，最终"解决问题"，培养学生的数学思维。

要重视给小学生传递数学思维方法，在小学计算教学中要突出三点：① 转化思想；② 让学生体验解决问题方法的多样性；③ 让学生体验生活中数学应用的广泛性。在小学数学概念教学中要突出：让学生体验数学的抽象性；让学生体验数学的概括性。重视学生问题意识的培养，从小学生开始，就要引导学生在学习中不断发现问题、提出问题、分析问题和解决问题！

（3）从解题、实验、实践的反思中，逐步培养辩证的思维方法和批判能力。我们一些老师是这样践行的：

——创设思考的氛围。如教学"两位数加一位数的进位加法"时，有一位教师创设这样情境：（多媒体出示）森林公园要举行一次隆重的联欢会，小动物们都忙着做准备工作，小猪也高兴地接受了一个任务，去算一算给客人的矿泉水够不够。可是到那里，小猪却哇哇大哭起来，这是怎么回事呢？我们一起去看看吧。再出示：来了 33 个客人，每人一瓶水够吗？图显示：桌上放着 9 瓶矿泉水，还有一箱矿泉水。先让学生凭借这个情境，大胆猜想，提出不同的问题，再引导学生进行解答，这样创设思考的氛围，促使学生独立思考，去解决问题，从而获取所学知识。

——激发思考的欲望。如有一位教师在教学"分数化成小数—即能化成有限小数的分数特征"时，首先，教师直接告诉学生分数能否化成有限小数，这里面是有秘密的，老师已经掌握这个秘密，不信你们可以出一些分数来考考老师，老师能很快判断出每个分数是否能化成有限小数，并请学生用计算器进行验证，使学生明白分数能否化成有限的小数的确是有秘密的，从而产生有什么秘密、秘密在什么地方的悬念，让学生带着追求知识的渴望和悬念进入新的探索求知过程，从而激发学生思考的欲望。

——教给学生思考的方法。有的学生在课堂上很专心地听讲，他们习惯了等待，习惯了依赖，习惯了接受，就是不会思考。对于这些学生，教师要教会他们思考的方法。如：可以联系生活实际，结合他们已有的知识启发他们进行思考。在教学"异分母分数加减法"时启发学生以前学过的有关知识，学生发现学过了同分母分数加减法，现在的困难是分母不同，怎样化成同分母分数？这样，学生思维的闸门打开了，新知识也就顺利吸收了。另外，要鼓励学生大胆猜想，引导学生多角度思考。学贵有疑，小疑则小进，大疑则大进。没有问题意味着没有思考。如：教学"圆柱的体积"时，可以让学生大胆猜测圆柱的体积跟什么有关，再引导学生推测圆柱的体积是借助什么几何形体推导出来的，然后推导出圆柱体积的计算方法，在一个个问题的提出和解决过程中，学生就能学会思考，掌握所学的知识。

（二）在数学教学中如何"教体验"

在中小学数学课堂教学中，教师应该重点考虑如下问题：

（1）引导学生关注数学的内涵与逻辑脉络，重视激发学生的学习兴趣。

（2）指导学生获得数学学习体验的方法，教学生在知识理解、语言文字运用、解题、实验、实践的反思中体验有关思想方法。

（3）创设恰当的学习情境，给学生搭建体验平台，引导学生在探究过程中获得知识、再发现的学习体验。

（4）引导学生在自主学习、合作探究、讨论辩论中获得勤于思考、敢于质疑、勇于创新的体验。

（5）获得数学活动体验，最重要的是积累提出问题和解决问题的体验。

（三）"教表达"能够促进学生的"数学交流"

苏霍姆林斯基认为："怎样才能做到使教师与学生的关系中充满着高尚意念呢？首先必须使教师在传授给学生意识的那些思想中能表现出他自己，能触及孩子心灵的不是冷冰冰的真理，而是教师活生生的、热情的个性。这要看教师传授给学生的那些知识在多大程度上已成为他自己的信念，在多大程度上进入他的心灵。"

表达能力是一种十分重要的软能力，引导学生学会表达，让学生在生生互动、师生互动中碰撞思维，在表达中倾听，在倾听中交流，在交流中思考，促进儿童对知识加深理解，增长智慧，获得体验，积淀素养。

　　总之，基于农村教育的特殊性，我们广大教师要提高认识，要站在育人的高度去开展我们的教学工作。我们要淡泊名利，在平凡的工作中体现自己的人生价值。我们要服务于学生和课堂，在三尺讲台上展示自己的风采，将"三教"教育理念扎扎实实地体现在我们平常的每一节课中。

落实"三教"理念，提高小学数学课堂教学的有效性

陈 丽

（贵州省兴义市桔山街道办事处桔乡路小学 562400）

【摘　要】数学课堂的有效性，是指在数学课堂教学中，教师通过多种教学手段，采取有效的教学方法，让学生通过自主学习、小组合作学习、探究性学习等多种方式掌握数学知识，促进学生知识与技能、过程与方法、情感、态度、价值观三维目标的协调发展，不断提高课堂效率。那么，如何落实"三教"教学理念，提高小学数学课堂教学的有效性？在新课程改革全面实施的今天，小学数学教师只有立足现实，灵活运用教学方法与策略，激发学生的学习兴趣，激活学生的数学思维，才能全面提高课堂教学效率，让学生有效掌握数学知识。

【关键词】"三教"理念；小学数学；课堂教学；有效性

一、合理预设情境，营造良好的教学氛围，教学生思考及表达，提高课堂教学的有效性

《数学课程标准》明确指出："数学教学，要紧密联系学生的生活实际，从学生的生活经验和已有的知识出发，创设生动有趣的情境，引导学生开展观察、操作、猜想、推理、交流等活动，使学生通过数学活动，掌握基本的数学知识与技能，初步学会从数学的角度去观察事物、思考问题、激发对数学的兴趣，以及学好数学的愿望。"教学情境是一种特殊的教学环境，是教师为了支持学生的学习，根据教学目的和教学内容有目的地创设的教学环境。创设教学情境，可以增强学习的针对性，有利于发挥情感在教学中的作用，激发学生的学习兴趣，使学习更为有效。课堂教学是教师"教"和学生"学"的双边互动的过程。新课改倡导学

生自主、合作、探究性学习，针对低年级学生注意力不够集中，往往会被一些无关的事物吸引而转移注意力这一特点，在教学中创设各种情境，刺激学生的感官，以趣制动就显得尤为重要。例如在教学"观察物体"时，我利用多媒体课件创设生活情境，出示动物身体一部分的图片，让学生猜测，引起学生的注意，激发学生探究的兴趣，引发学生的数学思考。

二、重视课堂提问，发展学生思维、培养学生的表达能力，提高课堂教学的有效性

"学起于思，思源于疑。"学生在学习过程中有了疑问，才会开动脑筋去解疑。问题是思维的起点，问题又是创造的前提，一切发明创造都是从问题开始的。这个质疑、解疑的过程，就是提高、发展思维能力的过程。在数学课堂教学中，鼓励学生质疑问难，培养学生敢于质疑问难的勇气和精神，是培养学生创新意识的前提。教师根据教学要求，把新旧数学知识之间的矛盾揭示出来，作为一种启发信息提供给学生，使学生产生思维的震荡，激发学生主动探究的欲望，从而开展思考、讨论，探究规律，获得新知。因此，在教学过程中，教师首先要更新观念，明确提问不仅是教师的权利，更应该是学生的权利。要做到让学生敢问、想问、善问、会问，以达到培养学生创新能力的目的。例如，在为学生讲解"圆的认识"这一章节内容时，教师可对学生提问："请同学们思考生活中哪些东西是圆形的呢？"同学们就会回答："篮球、井盖以及车轮等。"之后，教师再进行提问："很好，那么请同学们继续思考这些东西为何是圆形的呢？"如此的提问可以使同学展开深入的思考，并且与其他同学进行交流讨论，进而帮助学生对圆的基本性质给予初步的认识。然后教师再对学生的答案进行归纳、总结，带领学生系统、全面地学习圆的相关知识。如此一来，就能够帮助学生更好地掌握圆形的基本性质与特点，且可以指导学生将所学知识运用到现实生活中。

三、小组合作交流学习，体现"三教"教学理念，提高课堂教学的有效性

"合作交流学习"是指在教师的引导下，群体研讨，协作交流，知识

技能互补的一种学习方式。开展小组合作交流学习，更能突出学生的主体地位，培养主动参与的意识，激发学生的求知欲。小组合作学习更利于学生独立思考，它强化了学生对自己学习的责任感，和对自己同伴学习进展的关心；小组合作学习能为学生提供一个较为轻松、自主的学习环境，提高学生创造思维的能力。合作学习的过程是课堂生成比较活跃的重要环节，无论多科学的"预设"，都无法穷尽课堂"合作"的"生成"，因为数学课堂本身的"生成"就有其不可知的一面，更何况合作的过程本身就是学生思维碰撞的过程、张扬学生个性的过程。组成合作学习群体的学生在知识、能力、社会背景上的差异，造成学生思维、表达上的差异，在合作学习的过程中往往会生成许多的精彩，教师要成为课堂信息的重组者，将差异看成资源，立足教育目标，相机引导，把课堂的合作学习一步步引向深入。

在讲解"圆的周长"相关内容时，教师可以在上课以前先为学生布置作业，即要求学生准备一个圆形物体。然后将全部同学划分成若干小组，由学生采用自己的方式对圆形物体的直径及周长进行测量，在此基础上再计算出二者间的比值。如此一来就能有效活跃课堂氛围，使得学生产生浓厚的学习兴趣，积极地与其他组员进行实践与探讨。有的学生采用卷尺对圆的周长进行测量，有的同学采用绳子对圆的周长进行测量，有的学生将圆形物体放在直尺上进行滚动，最终获得周长，并且学生也采用相应的方法测量出直径的长度。然后再以小组为单位展开研究与讨论，进而获得圆的周长以及直径的比值。之后，教师再带领学生开展集体讨论，由各个小组的组长将小组计算结果公布出来，并且总结出周长与直径之间的关系。学生经过探讨与实践后发现，圆的周长始终都是直径的三倍多一点。在此过程中，学生不仅通过动手实践与小组讨论探索到新的知识，根据测量结果推导出圆的计算公式，而且此过程也有效地培养了学生的动手操作能力、与他人协作的能力、自主探究能力等。

总之，在教学中采用小组合作学习的方式，形成了师生、学生与学生之间的全方位、多层次、多角度的交流模式，使小组中每个人都有机会发表自己的观点与看法，也乐于倾听他人的意见，使学生感受到学习是一件愉快的事情，从而满足了学生的心理需要，促进学生智力因素和非智力因素的和谐发展，最终达到使学生学会、会学、乐学的目标，进而有效地提高了教学质量。

四、优化课堂练习，及时进行课堂教学评价，提高课堂教学的有效性

课堂练习是巩固新知识的重要手段，是学生运用所学知识解决实际问题的具体体现，是教师反馈教学成果的重要途径，所以在设计课堂练习时，应根据学生的个体差异，多层次设计课堂练习，以适应不同知识水平的学生，使优生得到发展，中等生得到提高，学困生学有所得。小学生天性好玩好动，喜欢新奇有趣的东西。因此，在设计练习题时，要注重练习的趣味性，以此激发学生的求知欲。教师要努力使课堂教学过程成为学生一种愉悦的情绪生活和积极的情感体验，学生只有体验到学习的成功，才会乐于学习。所以，我们要用发展的眼光看待学生，关注学生的成长，及时肯定、赞赏学生的点滴进步，让学生感受到学习成功的快乐，唤起学生心中的自豪感。因此，在课堂评价中应主要采用真诚的鼓励性评价，如：你真棒！你说得真精彩！你真行，连老师也佩服你！你是个会动脑筋的孩子等；也可以对表现好的孩子竖起大拇指称赞；当孩子回答完问题后可以与之握握手、摸摸他的头，对他们的回答及时给予肯定。通过评价，让学生感到成功的喜悦，提高学生学习的兴趣。

五、多媒体辅助教学，帮助学生更好地掌握数学知识，提高课堂教学的有效性

传统教学中，教师往往采用"一块黑板、一支粉笔"的教学方式，课堂枯燥乏味，不利于学生积极性的调动，教学效果也不好。在科学技术飞速发展的今天，随着新课程改革的不断深入，多媒体逐渐走进了课堂，成为一种重要的教学手段。与传统教学方式相比，多媒体具有以下优势：一是能扩大每一堂课的容量，节省教学时间，将原来40分钟的内容在30分钟内加以解决；二是减轻了教师板书的工作量，使教师有精力讲深、讲透所举例子，提高讲解效率；三是直观性强，能将抽象的教学内容具体化，化难为易，提高学生的学习积极性与主动性，增强学生的求知欲。因此，教师要重视多媒体教学手段的使用，将小学数学教学与多媒体教学有效整合，从而充分发挥多媒体教学的优势，帮助学生更好地掌握数学知识。需要注意的是，并非所有的课都适用多媒体，教师要

清楚地认识到这一点，结合教学内容，合理运用多媒体教学手段。

总之，在数学课堂教学中应用"三教"思想，是培养学生数学核心素养的有效教学方法。在数学课堂教学过程中，培养学生的思考能力、培养学生的体验能力、培养学生的表达能力是新课改教学的关键。课堂教学的有效性是我们广大教师共同所追求的，我们要从课堂的有效教学出发，从学生的自身发展出发，改变课堂教学模式，提高课堂教学实效，合理运用和安排各种教学手段与环节，使我们的数学课堂教学更加具有实效性，焕发出新课程理念在常态下的小学数学课堂的指导作用，从而提高课堂教学效率和育人质量。

实践篇

《加减混合》教学课例

陈祖芳

（贵州黔西南州兴义市敬南镇山脚小学 562402）

一、教学设计

（一）教材分析

与上一节课学习的连加、连减相同，加减混合也是由两个计算步骤构成的一个连续的计算过程，但不同的是对于一年级学生来说，既要记住第一步计算结果，又要在第二步计算时应对与第一步不同的运算方法有一定的难度。所以掌握加减混合运算过程是本课的重点和难点之一。另一方面，教材有意呈现了对比性很强的两组情境图帮助学生学习。情境图既有现实性和趣味性，又能直观地展示加减混合算式的计算过程和算理，充分体现数学来源于生活，又巧妙地利用生活经验来理解数学知识。但教材是以组合型的情境图出现的，学生对图中原来物体的个数很难理解，所以如何指导学生学会看这种组合型的情境图也是本节课教学的另一重难点。从学生的角度考虑，在以往的教学中，由于加法先入为主，所以学生会形成思维定式，错误地认为加减混合应该要先算加法再算减法，因此改正学生的这一思维定式，正确地掌握加减混合的运算顺序也是本节课的难点。

（二）学情分析

一年级学生刚进入小学学习，新的学习和生活对孩子们来说充满了好奇和趣味，对学校、对环境、对老师、对同学、对课堂、对学习、对学校的要求都充满了新鲜感。同时他们年龄小，好动、易兴奋、易疲劳，注意力容易分散，尤其是刚入学时，40分钟的课堂学习对于他们来说真的很难！

一年级学生思维非常具体、形象，善于机械记忆，不考虑事物的意义而死记硬背。他们是整体机械记忆的，不能抓住所记的内容和意义有条理地记忆，理解记忆的能力还很差。这一阶段要培养学生理解性记忆。

注意培养学生的观察兴趣。学生刚刚结束幼儿园生活，迈进小学，对课堂学习还不适应，容易疲劳，有意注意的时间比较短，观察能力有限。在观察教材插图时，往往只对其中的色彩、人物等感兴趣。知觉发展不够充分，做作业时往往看错题，或者把方位搞错，在观察顺序性方面，他们显得杂乱无章，观察事物零乱、不系统，没头没尾。对引起自己兴趣的事物，他们的注意力就能保持相当长的时间，比如收看电视中的动画故事片，能看到最后，有时家长叫他的名字，他都没反应。这说明他们在一定条件下，注意力可以集中相当长时间。他们注意力的特点之一是，一旦把注意力集中在某一个感兴趣的问题上，就记住了它，而忘记了别的事情，注意力范围狭窄。因此，我们应从学生的兴趣出发，激发学生的观察兴趣。

倡导学生开始合作学习。当前入学的孩子，性格上的突出表现为以自我为中心，任性、随便，想独占老师和其他一切。在具体行动上，还不能很明确区别"自己"和"他人"。课堂上，别人在发言，他举手喊"老师"，要求发言。做事很少考虑别人。在教学时可以适当地让同桌合作学习和交流，培养学生初步的交流合作意识。

（三）知识点

掌握加减混合运算式题的运算顺序。

（四）教学目标

（1）引导学生经历从实际情景中抽象出加减混合计算的数学问题的过程，直观地理解加减混合计算的意义。

（2）能看图列出加减混合算式。

（3）培养学生观察、比较和抽象概括能力，以及应用所学知识解决实际问题的能力。

（4）在学习活动中，激发学生的学习兴趣，使学生体会到生活中处处有数学。

（四）教学重难点

掌握加减混合运算式题的运算顺序。记住第一次的运算结果。

（五）设计思路

复习旧知导入新知→情景抽象数学问题→巩固新知→本节课知识小结，课后延伸。

二、教学过程

（一）片段1：复习导入

同学们，上节课张老师与大家共同探讨了连加连减内容，同学们掌握得怎么样呢？下面来考考大家：3+2+3=　　10-5-2=　　3+2+4=　　7-2-3=

你是怎样计算的，你是先算什么，再算什么？

（反思：复习旧知，引发学生的数学思考，培养学生的表达能力）

（二）片段2：探究新知

1. 教学小学数学义务教育课程标准实验教材（人教版）67页天鹅例题1，利用课件学习例1

（1）仔细观察这幅图，你看到了什么内容，你能提出一个什么数学问题？

（湖里有4只天鹅，又飞来了3只，一共有几只天鹅？）

根据问题怎么列式？（4+3）

（2）观察第二幅图。

你看到了什么内容，你又能提出一个什么数学问题？

湖里有4只天鹅，又飞来了3只后又飞走2只，现在有多少只天鹅？问题列式？（4+3-2）

（3）引导学生说出4+3-2所表示的意义。（湖里原来有4只天鹅，飞来了3只，又飞走了2只，求现在天鹅的只数）

（4）学习4+3-2的计算顺序和方法。

结合图上的天鹅只数的变化过程，确定先算什么，再算什么。

请同学们思考一下，我们今天学习的这个数学算式与昨天学习的有什么不同？昨天学习的是连加或者连减，今天学习的既有加又有减，这就是我们本节课学习的内容，加减混合。

板书课题：加减混合。

在加减混合中，它的运算顺序跟连加连减一样，要按照从左往右的顺序进行计算，特别要记住第一次的运算结果。

2. 利用课件学习例2

观察这幅图，你看到了什么内容，你能提出一个什么数学问题？（教师在黑板上贴4只天鹅）

湖里有4只天鹅，飞走了2只，又飞来了3只，现在有多少只天鹅？问题怎么列式？（4-2+3）

启发学生思考：上面的算式应先算什么？再算什么？

先算4-2=2，再算2+3=5。

引导学生总结加减混合计算的运算顺序：加减混合运算式，要按照从左到右的顺序进行计算。

3. 小结

刚才计算两题都是加减混合式题，第1题是加法在前还是减法在前？先算什么？第2题是加法在前还是减法在前面？先算什么？

师概括：计算加减混合式题，加法在前面就先算加法，如果是减法在前面就先算减法。

（反思：学生能根据教师设置的数学情景，根据图片提出数学问题进行运算，充分体现吕传汉教授的数学情景与提出问题教学模式，教学中学生的思考能力得到了培养，学生间互相帮助，达到了预想的效果）

三、教学体验

本节课采用复习旧知导入新知的方法，在探究新知的过程中自然揭示课题。在教学中，充分体现以学生为主体，教师为主导，注重对学生的思考、表达能力的培养，学生能根据教师创设的情景提出数学问题，真正做到把数学情景与提出问题融入具体的教学中，营造了一种教师教得轻松、学生学得愉快的教学氛围。

《观察物体》教学课例

陈 丽

（贵州省兴义市桔山街道办事处桔乡路小学 562400）

一、教学设计

（一）教材分析

人教版《义务教育课程标准实验教科书》二年级数学上册第五单元"观察物体"第一课时。教材是从学生已有生活经验出发以及已学位置知识的基础上，借助于生活中的实物和学生的操作活动进行教学。通过这部分内容的教学，不但可以使学生学会从不同的角度观察物体，而且为以后学习有关几何图形的知识打下坚实的基础。

（二）知识点

观察的方法。

（三）教学目标

（1）知道从不同位置观察物体的形状可能是不同的。能辨认简单物体从不同位置看到的形状。

（2）通过观察、操作、想象等活动，使学生初步掌握全面、正确地观察物体的基本方法。

（3）使学生感受局部与整体的关系，初步形成全面看待事物的意识。

（4）感受数学与生活的联系，激发学生学习数学的兴趣。

（四）教学重点与难点

教学重点：体验到从不同的位置观察物体，看到的物体形状是不同的。

教学难点：辨认从不同侧面观察到的物体形状。

（五）核心问题

通过本课学习，你获得了哪些观察物体的方法？

（六）设计思路

创设情境，激趣感知→合作交流，自主探究→实际应用，巩固新知→本节课知识小结，课后延伸。

二、教学过程

（一）片段1：创设情境，激趣感知

师：我听说咱们班的同学都特别喜欢动物，是吗？现在大家的脑海中肯定都出现了许多动物的图像吧！今天老师也带来了几种动物的照片，不过它们有点害羞，把头都藏了起来，这样你还能认出它们吗？下面咱们看看哪位同学的眼力最棒！（课件出示动物身体一部分的图片，学生猜测）

师：同学们真了不起，对这些动物不仅认识，还能抓住它们的特征，平时肯定看得特别仔细和认真。用眼睛仔细、认真地看就叫"观察"。

师：今天我想和同学们一起上一节观察课——观察物体。（随机板书：观察物体）同学们只要仔细、认真地观察，每个人都会成为小小观察家的。有信心吗？

（反思：上课伊始，让学生猜猜看，激发学生探究的兴趣，引发学生的数学思考）

（二）片段2 合作交流，自主探究

1. 初步感知正面、侧面、背面

（1）教师转动身体，让学生初步感知正面、侧面、背面。

（设计意图：这三个面的准确表达是学生学习观察物体的关键，为了做好这个铺垫，教师用自己语言自然地向学生表达了这三个面）

（2）拿出玩具哆啦A梦进行展示，让学生简单感知哆啦A梦的正面、侧面、背面。

2. 从不同的四个面观察玩具哆啦Ａ梦

（1）课件出示观察要求。

a. 静静地观察，静静地思考。

b. 小组内交流，"我坐在哆啦Ａ梦的（　　　）面，我看到了哆啦Ａ梦的（　　　）"，请每个同学仔细观察。（生观察，师巡视，背景音乐，在小组里说说，然后点名说）

生（a）：前面。

师追问：你能完整地说一说你坐在哆啦Ａ梦的哪个位置，看到了什么？

生：我坐在哆啦Ａ梦的前面，看到了哆啦Ａ梦的……

师：你描述得真完整。你是通过观察哆啦Ａ梦的眼睛、鼻子这些特点来判断这是哆啦Ａ梦的前面（贴照片）。谁能像他刚才一样，说一说你在哆啦Ａ梦的哪个位置，又看到了什么？

生（b）：我坐在哆啦Ａ梦的后面，看到……

师：说得真完整，你是观察到这些特点判断为哆啦Ａ梦的后面。（贴照片）

师：你能完整地说一说吗？

生（c）：我坐在哆啦Ａ梦的右面，看到了……（一只耳朵、一只手、一只脚）。

师：你呢？

生（d）：我坐在哆啦Ａ梦的左面，看到了……（一只耳朵、一只手、一只脚）。

师：你们不仅观察仔细，还能用自己的语言把观察的东西描述出来，真了不起。

师：我们把哆啦Ａ梦的左面和右面统称为侧面。

揭题——师：老师有点纳闷了，你们都在观察哆啦Ａ梦，为什么大家看到的不一样呢？

生：因为我们坐在不同的位置。

师：真了不起，不但会观察还会总结。今天我们一起来学习从不同的位置观察物体。（板书）

（2）调换位置再观察，你发现了什么？

师：想不想到别的小朋友位置上去看看？和对面的小朋友换位置，说说你坐在哪里？你看到了什么？

生：我坐在……看到了……

师：通过两次观察，你发现了什么小秘密？

师：小结并板书。（从不同位置观察物体，结果不同）

师：闭上眼睛想想哆啦A梦的正面、后面、侧面是什么样的，然后进行小组之间的评比，看谁的反应快。（师出示照片，生一起思考，快速站到位置上，看哪个小组的反应最快）强调左右。怎样判断左和右？师相机出示图片指导观察方法。

（3）眼力大比拼，师出示图片，生判断。

（4）有什么办法让每个同学可以看到玩具狗的四个面？

小组内讨论完成任务的办法，组织汇报，全班交流，得出两种办法：其一将小狗转动；其二观察者移动座位。

（三）片段3：实际应用，巩固新知

1. 观察熊猫图

学生认真看图，小组内说一说小明、小红、小芳、小红分别坐在熊猫的哪个面，分别看到了熊猫的哪个面，有哪些部位？

指名汇报，全班评价。

2. 学生独立完成数学书做一做

师：这三张图片上的数学书分别是谁看到的？想一想，连一连。

3. 拓展提问，完善探究

师：通过观察哆啦A梦、熊猫、数学书，我们能得出一个结论：从不同位置观察物体，结果不同。一定是这样吗？

师：请各小组拿出矿泉水瓶，顺时针移动，从不同位置观察。

师：同学们从不同位置观察矿泉水瓶后，有没有什么发现想和大家分享？

生：从不同位置观察水瓶，看到的是一样的。

引导学生小结：从不同位置观察物体，结果可能相同，也可能不同。

（反思：此环节是本课的一个亮点，数学是一门锻炼思维能力的学科，它需要我们缜密地、辩证地思考问题，而不是简单地、粗略地下结论，一定要周密地考虑各种情况，小心翼翼地探究，才能得出正确的结论。让学生经历这种不断探索、完善结论的过程，让学生养成谨慎、周全思考问题的良好数学品质）

（四）片段4：全课小结，课后延伸

师：通过这节课的学习，你有什么想和大家分享的收获吗？

师：孩子们，通过这节课的学习，我们知道从不同位置观察物体，结果可能不同。请大家回家后，认真观察家里的物品，把你的发现和家人分享，做一个生活的有心人、学习的善思者。

教学板书

观察物体

前面	侧面	后面
（正面）		（背面）

从不同位置观察物体结果可能不同。

三、学习体验

学生1：掌握了观察物体的方法。
学生2：了解了在一个位置最多可以观察到物体的三个面。

四、教学体验

（一）在观察物体中培养学生兴趣

著名教育家皮亚杰曾说过："儿童是有主动性的人，他的活动受兴趣和需要的支配，一切有成效的活动都须有某种兴趣做先决条件。"兴趣是学生学习最好的老师，学生只有对学习有兴趣，才能取得好的效果。为了让学生对学习内容产生浓厚的兴趣，教师应创设一些情境，把枯燥的数学知识和生动的故事情境、贴近学生的生活情境、引人思索的问题情境结合起来，引起学生对学习内容的好奇心，进而引发浓厚的兴趣。本

节课教学中，我就特别重视情境的创设。"你们照相过吗？现在请看老师是从什么角度拍下的三张照片呢？"（正面、侧面、后面）通过不同位置观察到的同一物体的不同形状，激发了学生的想象力，也在很大程度上调动了学生兴趣。运用正面、侧面、后面多个角度去观察物体的方法观察削笔工具小青蛙削笔刀。另一方面，在探究新知时，我选择课本上的主题图——大熊猫作为学生的观察物，特别是为了有利于学生交流观察大熊猫后的体会，我让同学分成四人一个小组进行讨论，这样不仅可以创设情景，而且培养了学生合作的精神和动口的能力，学生能更有兴趣地参与，也更方便进行观察活动，从而获得真实感知和学习经验，也能突破传统的程序化教学方式，更有利于培养学习数学的兴趣。

（二）在观察过程中让学生感受数学

《义务教育小学数学课程标准（2011年版）》要求："数学活动必须向学生提供充分从事数学活动的机会，帮助他们在自主探究和合作交流过程中获得广泛的数学活动经验。"如何让学生学会观察物体呢？我设计了定位观察、换位观察和交流观察等几个环节，让学生在观察过程中一步一步地去感受。学生在不断地观察、体验的过程中，经历了观察、发现和感受的全过程；在实践操作和自主探究中，感受数学、经历数学，学到了观察物体的方法，并获得了更深层次的情体验。

（三）在巩固练习中让学生体验学习数学的乐趣

在教学练习设计中，我为学生提供了各种各样交流感知、感悟的时间和空间，如：议一议、走一走等活动，充分进行同桌交流、小组交流、全班交流等；设计了四个闯关练习，以课件形式送出奖品，提高学生的学习兴趣。

本节课还存在许多值得探讨和改进的地方，我总结归纳如下：

对某些教学目标的贯彻与实施还不够，像针对"通过体验初步感知局部与整体的关系"上应再设计一些活动或练习来进一步加强；特别是老师提问还需更严谨，注意技巧。我在上完课后专门对课堂提问进行了反思，查找有关资料，它们对课堂提问阐述了六大特性，也就是提问的指向性、提问的思考性、提问的灵活性、提问的开放性、提问的巧妙性和提问的逻辑性。上课时我的提问开放性太强，指向性不够，目标欠明确，所以学生回答也比较混乱。如何处理好提问的开放性和指向性的关系，如何在提问时更有利于引导学生按老师的要求去完成问题，等等，对于这些课堂提问的技巧还需不断地同老师们一起认真思考与探索。

　　小学二年级的学生需要通过动手来提高学习兴趣，巩固学习的知识。在本节课学生交流讨论的环节，如果教师通过卡片让学生四人一个小组进行交流讨论、动手连线的话，就更能集中学生的注意力，学生对所学知识印象就更加深刻。在巩固练习的第二个闯关练习中，我忽视了学生的形象思维的特点。在课堂上我出示茶壶这个具体实物让学生观察时，由于操作不到位，没有达到让学生通过观察实物来加强形象思维能力的目的。在之后的课堂教学中要加强教师引导学生观察物体的能力训练，不断积累教学实际操作的经验，以更好地提高学生的学习兴趣，达到预期的学习效果。

《长方形和正方形》教学课例

龙道翠

(贵州省兴义市敬南镇中心小学 562402)

一、教学设计

(一)教材分析

作为一门与几何联系密切的课程,数学课程具有较强的人文性和实践性,它能够对学生的审美情趣、实践素质、综合素养、核心素养进行有效培养。《长方形和正方形》这节内容与学生实际生活密切相关,且符合三年级学生的喜好特点。

(二)学情分析

教学对象为小学生,他们更加青睐趣味性、情境性较强的学习模式,对趣味元素具有较强的探究欲望。

(三)知识点

《长方形和正方形》这节内容的知识点包括长方形的特征、正方形的特征,以及它们的组成部分。

(四)教学目标

(1)知识与技能:引导学生掌握长方形、正方形的特征,认识长方形、正方形的各个部分。

(2)过程与方法:通过合作探究、相互交流,让学生对长方形、正方形有一个更为深入的了解。

(3)情感态度与价值观:培养学生合作意识,以及乐于助人的精神品质，让学生的核心素养获得发展。

（五）教学重点难点

重点：了解长方形、正方形的特征，掌握图形各部分的名称。
核心问题：运用多种方法探究长方形、正方形的特征。

（六）设计思路

在展开教学时，通过发布任务、设疑引导，组织学生展开实践探究、合作交流，使学生充分投入学习过程中，从而获得核心素养、综合素质上的发展。而在合作过程中，学生的团结意识、合作意识、乐于助人精神也能够得到强化。这种教学模式充分贯彻了新课标思想、"三教"理念，强化了学生的主体地位。

二、教学过程

（一）片段一：构建情境，主动学

师：同学们，今天老师想为大家介绍两位小伙伴，大家可能对它们并不陌生，甚至对它们非常熟悉，那么你们知道它们的名字是什么吗？（教师展示出长方形和正方形的图片，引导学生说出两者名字，并在黑板上板书）

（反思：通过展示图片构建情境，能够激发学生学习热情，培养学生思考能力及表达能力）

（二）片段二：相互交流，合作学

师：现在老师想请大家以小组为单位，制作一张长方形的纸片。制作完之后，请大家认真观察长方形，一边看，一边想：长方形有什么特征？观察完之后，可以和其他组员进行交流，分享自己的观点和想法。（学生交流讨论）

师：好了，老师看大家都讨论完了。接下来，大家拿出制作好的卡片，跟着老师一起来看一看它有什么特征。首先，大家数一数它有几条边、几个角（4条、4个，教师板书在黑板上）。那长方形的四条边、四个角又存在哪些特点呢？（学生思考）现在请大家继续进行小组交流，探究老师提出的问题，看看哪个组最厉害。（学生合作探究，教师下台巡视）

（反思：让学生展开合作交流、合作探究，能够提升学生各项素质，加强学生体验能力）

三、学习体验

学生1：在课上，每个小组都讨论得非常认真，每个人都发表了自己的意见和想法，也有同学为其他同学答疑解惑，这种乐于助人的精神非常值得我们学习。

学生2：在这堂课上，我们小组用尺子测量的方式，发现长方形的对边是相等的，并且它四个角的大小是相同的。在和其他同学一同讨论的过程中，我感受到了学习的乐趣。

四、同伴互助

同伴1：在探究过程中，我和同伴运用了折纸的方法，探究出长方形的特征。在探究过程中，我们相互交流、相互帮助，这让我们之间的感情得到了增进。

同伴2：我和同伴在探究过程中出现了一点小矛盾，因为我们产生了意见上的分歧。在和同伴争论的过程中，我对长方形的特征有了一个更为全面的了解。

五、教学体验

这堂课我带着学生探究了长方形的特征，在教学过程中，我不断设疑引导，组织学生展开合作交流、合作探究。在学习过程中，学生们的积极性非常强，学习状态较佳，课堂整体氛围较好。在今后的教学过程中，我同样会贯彻学生主体思想，对学生的核心素养展开重点培养。

《田忌赛马——对策问题》教学课例

陈 丽

（贵州省兴义市桔山街道办事处桔乡路小学 562400）

一、教学设计

（一）教材分析

"田忌赛马"是小学数学义务教育课程标准实验教材（人教版）四年级上册第七单元数学广角中的例3，"对策问题"是数学综合实践与应用领域的内容。本节课的学习从同学们熟悉的故事入手，在学生自主探索、合作交流中，发现数学知识不仅在生活中处处可见，在比赛中还有很大的学问。本节课教师在学生兴趣正浓时，借助合作，探讨、找规律，并通过游戏，加深了同学们对数学知识的理解，进一步激发了学生的学习热情。

（二）知识点

对策问题。

（三）教学目标

（1）知识与技能：通过田忌赛马的故事让学生体会对策论方法在实际生活中的应用，感受对策在生活中的重要作用。

（2）过程与方法：尝试用数学方法来解决实际生活中的简单问题，使学生认识到解决问题策略的多样性，形成寻找解决问题的最优方案的意识。

（3）情感态度与价值观：初步培养学生的应用意识和解决实际问题的能力，初步感知对策的数学思想方法。

（四）教学重点与难点

教学重点：经历探索"最佳对策"的过程。
教学难点：初步理解"最佳对策"的原理。

（五）核心问题

如何解决实际生活中的简单问题，找出解决问题的最优方案。

（六）设计思路

游戏激趣，导入新课→自主探究，研究对策→练习巩固，学以致用→课堂总结。

二、教学过程

（一）片段1：游戏激趣，导入新课

师生对玩扑克牌，三局两胜。

师：你们平时都玩哪些游戏？

（1）玩扑克牌，比大小。游戏规则：双方每次各出一张牌比大小，由学生先出第一张牌，比大小采用三局两胜制。

（2）教师出示两组扑克牌，分别是 4、6、8 和 5、7、9。

师：你选择哪一组牌和老师比大小？

学生选 5、7、9 这组牌时：生先出，教师根据学生的出法一一对应出牌：5—6、7—8、9—4。学生选 4、6、8 这组牌时：生先出，教师根据学生的出法一一对应出牌：4—5、6—7、8—9。

师：为什么老师总能赢呢？较小的牌面为什么反而获胜呢？

引入：这个反败为胜的方法最早起源于一个故事——田忌赛马，今天我们就一起来学习对策问题（板书课题：田忌赛马——对策问题）

（反思：不仅可以让学生在轻松的氛围中进入新课的学习，还激发了学生的兴趣，又为例 3 的学习做了很好的铺垫。可以使学生感受数学在生活中的广泛应用）

（二）片段 2：自主探究，研究对策

师：古时候的人们就懂得运用对策取胜，"田忌赛马"的故事就蕴涵了这样的对策。

1. 观看视频获取方法

（1）讲田忌赛马的故事。（视频播放第一回合）

师：在第一回合的较量中，谁获胜了？他们分别是怎样出马的？（双方都用同等的马比赛，结果田忌的马都比齐君同等的马差一些，田忌败下阵来）

（2）视频播放第二回合。

师：听完这个故事，在这一回合的较量中，谁获胜了？你知道了田忌的好朋友孙膑用什么对策为田忌赢得二比一的胜利？

田忌对齐王：

下对上（齐王赢）；

上对中（田忌赢）；

中对下（田忌赢）。

师：第二场双方还是用原马对抗，齐王明明实力比田忌的马更强，怎么就输了呢？

师：听了这个故事，你有什么感受？

2. 罗列策略

师：是不是田忌一定要用孙膑这种策略才能赢齐王呢？想验证一下吗？

师：表格验证，介绍填表方法。

先动脑筋想一想，怎样做到有序且不重复呢？（动手操作）

（反思：通过填表验证的活动来得出最优策略完成学习任务，在活动中把对策论的思想方法渗透给学生。在情境中"学"，在解决问题中"悟"，从而提高学生的思维能力。可以使学生感受数学在生活中的广泛应用）

师：同学们，齐王三个等级的马都要比田忌的略强一些，田忌的上、中、下三个等级的马分别与齐王的进行搭配，三局两胜。搭配时，要有顺序，做到不重复、不遗漏。

（1）学生填表，探讨田忌所有可能采取的策略。

	第一场	第二场	第三场	获胜方
齐王	上等马	中等马	下等马	
田忌1	上等马	中等马	下等马	齐王
田忌2	上等马	下等马	中等马	齐王
田忌3	中等马	上等马	下等马	齐王
田忌4	中等马	下等马	上等马	齐王
田忌5	下等马	上等马	中等马	田忌
田忌6	下等马	中等马	上等马	齐王

（2）汇报交流，验证田忌赛马最优策略的唯一性。

（3）展示作业。

无序，不完整——有序，完整。

（4）汇总思考。

师：你发现田忌一共有多少种出马的策略？有几次能赢呢？看来只有这唯一的策略能克敌制胜。

3. 小结：田忌获胜需要什么条件

① 要让齐王先出。

② 用齐上—田下、齐中—田上、齐下—田中这样的策略才能赢。

课中小结：看来小小的比赛暗藏不少的玄机——对方先出，知己知彼，以弱制强。

（反思：在活动中让学生认识到解决问题策略的多样性，形成寻找解决问题最优方案的意识，提高学生解决问题的能力。学生的思维有序了）

（三）片段3：练习巩固，学以致用

1. 回顾扑克牌

分析老师三局两胜的原因。

2. 田忌赛马的策略在生活中的应用

基本练习：①106页题做一做。②解决实际问题。我们学校下个星期举行跳绳比赛，我们班和四（2）班对阵；比赛规则是每班选派3名选手，三局两胜。

师：你们觉得我们班在比赛之前应该做些什么？利用怎样的策略获胜的可能性大？

（必须知道每位选手的大致成绩，这样才能合理地利用对策获取胜利）

课件出示资料：

四（3）班代表队：李明，105个/分；徐青，90个/分；贾梦婷，60个/分。

四（2）班代表队：齐航，110个/分；王娜，95个/分；李萌，75个/分。

师：请同学们帮助我排兵布阵，如何才能战胜四（2）班？

师：现在你明白刚开始咱们玩牌的时候，老师总能赢的秘密吗？（将最大的牌对对方最小的牌，从而获取另两场比赛的胜利）

（反思：让学生排兵布阵畅谈自己的经验，使学生更加深刻地体会到数学和生活的密切联系，从而把活动推向高潮，很好地培养了学生全面思考问题的习惯）

（四）片段4：课堂总结

教师引导学生谈：通过今天的学习，你有什么收获？

（反思：教师利用板书，引导学生梳理本节课知识点，对本节课学习内容进行巩固）

教学板书

对策问题

无序，不完整——有序，完整

对方先出

知己知彼

以弱制强

三、学习体验

学生1：做一个善于观察、分析、全面思索的人。

学生2：不论做什么事都要细致观察，认真思考，采用恰当的方法，才能取胜。

……

四、教学体验

（一）关注学生的兴趣和起点，感知策略

俗话说得好："良好的开始即是成功的一半。"课一开始我带着大家一起玩扑克牌"比大小"的游戏，充分调动了学生参与学习的热情，有效激发了学生的探究兴趣。带着"明明牌面小——为什么却总能获胜呢"的思考，一起进入该课的学习，让学生感受到运用策略的神奇。

（二）关注学生的自主探究能力，理解策略

紧接着从"田忌赛马"的故事入手，引入"对策"问题的探究分析。让孩子感受到田忌两次不同的出马顺序带来不同的比赛结果，不由自主地思索反败为胜的原因及在齐王出马顺序不变时有多少种应对策略。

对策本身是一个很抽象的概念，学生只有亲身经历知识的形成过程，才能构建新的知识体系。为了让学生成为探索、合作交流的主体，课堂上充分利用师生交流、同桌交流、小组交流等活动，让师生之间、学生之间互相沟通。如在这个轻松愉快的故事交流中，我多次安排学生扮演齐王和田忌角色，生生对抗角色对换。不停思考在齐王改变出马顺序的情况下，如何灵活运用策略战胜对方？齐王改变游戏规则，不先出马或同时出马时，比赛结果呈现了怎样的变化？在层层变化的活动过程中体现了"做数学"的思想，在玩中深刻理解和认识到以弱制强需具备的先决条件是对方先出和知己知彼。让学生再次体会"策略"的重要性，并在探索"最佳对策"的过程中培养学生有序思考的解决问题能力和策略意识。

全体学生参与了游戏活动的全过程，学生在玩中思、玩中悟、玩中学。学生人人参与，在这个活动中让学生成功体验到"运用对策的魅力"。

（三）关注数学与生活的紧密联系，运用策略

数学学习离不开生活，学得知识的同时列举身边存在的用"田忌赛马的策略"获胜的体育赛事等事例，使学生感受到数学在日常生活中的广泛应用，并尝试用数学的方法解决生活中的简单问题。及时引导学生在生活中遇事要善于思考，讲究策略，感受数学策略改变生活所带来的惊喜。

《合理安排时间——沏茶问题》教学课例

陈祖芳

(贵州黔西南州兴义市敬南镇山脚小学 562402)

一、教学设计

(一)教材分析

《合理安排时间》是小学数学义务教育课程标准实验教材(人教版)四年级上册"数学广角"的内容,难度较大,本节课主要是通过沏茶这一日常生活中的事例,让学生尝试用多种方法解决问题,并寻找最优方案。让学生初步体会运筹思维在解决问题中的作用,从而感受数学的魅力。本节课主要分析家里来客人了需要沏茶时怎样安排操作程序更省时间,属于运筹思维。

(二)学情分析

四年级共有 42 人,其中留守儿童 3 人,大部分家长外出务工,孩子被交给年老的爷爷奶奶、外公外婆代为管养。从大的方面来说,四年级同学整体水平比较平均,学习气氛浓厚,大部分同学学习习惯良好,学习积极性高,能较好地完成学习任务。不足的地方就是部分学生的上进心不强,没有学习的主动性,把学习作为一种负担,分析问题的能力不强。学生缺乏理解问题、分析问题的能力,不能很好地理解题意;对概念的理解不深;计算能力有待提高;粗心大意,审题失误,答题技巧不高;部分学生答题时间分配不得法等,造成部分同学的学习成绩难以提高。

(三)知识点

能根据实际情况合理安排时间,会用流程图表示事情的安排顺序。

（四）教学目标

（1）通过简单的生活事例，让学生学会选择合理、快捷的方法解决问题。

（2）使学生认识到解决问题策略的多样性，形成寻找解决问题最优方案意识。

（3）会用流程图表示事情的安排顺序。

（4）经历解决问题的过程，培养合作精神和探究精神。

（5）通过教学活动，感受合理安排时间的重要性，养成珍惜时间的习惯。

（五）重点难点

（1）能根据实际情况合理安排时间。

（2）会用流程图表示事情的安排顺序。

（六）设计思路

猜谜语激趣，创设情景导入新课→合作探究，研究对策→成果展示→练习巩固，学以致用→课堂总结。

二、教学过程

（一）片段1：猜谜语及利用身边的事例导入课题

同学们：听胡老师说你们班的同学最喜欢猜谜语，现在老师也准备了一个谜语让大家猜一猜——世界上有一样东西，它最快而又最慢、最长而又最短、最珍贵而又最被人忽略。当它快到极限时，人们才发现它的重要性！请问，这究竟是什么……（时间），对！今天老师和大家一起学习的内容就与时间有关。

关于时间问题，老师在今天来上班的时候请就遇到一个问题，请大家给老师想想办法。学校规定 8:20 签到，老师每天听广播 15 分钟，从家开车到学校 20 分钟，吃早餐 10 分钟，现在 7:45 分，只差 35 分钟就要签到，老师会迟到吗？

引导学生说出会迟到或不会迟到的原因。强调哪些事情可以同时做，这就是本节课学习的内容：合理安排时间。

（反思：以猜谜语的形式揭示课题，调动了学生的学习积极性，激发了学生的学习兴趣；创设学生身边的数学情景，培养学生的思考能力及表达能力）

（二）片段2：小组合作探究，研究对策

（1）板书课题：合理安排时间。

（2）带着问题观察图片，说一说。

本节课的主人翁小明家里来客人了，妈妈要求小明泡壶茶给李阿姨喝；沏茶的步骤为：烧水——洗水壶——洗茶杯——接水——找茶叶——沏茶。

（3）根据老师的提示小组合作归纳总结并展示：

洗水壶1分钟→接水1分钟→烧水8分钟→沏茶1分钟

找茶叶1分钟

洗茶杯2分钟

1+1+8+1=11（分钟）

（4）小组代表展示。

（反思：采用小组合作探究的方式进行教学，培养学生动手、动脑能力，让学生亲身体验沏茶的整个过程，能根据实际情况合理安排时间并会用流程图表示事情的安排顺序。真正体现"三教"教学理念中的"教思考""教表达""教体验"，让学生学会学习）

（三）片段3：学以致用

（1）以熊二感冒了，吃完药后要赶快休息为例。

找杯子倒开水	1分钟
等开水变温	6分钟
找感冒药	1分钟
量体温	5分钟

找杯子倒开水 1 分钟 → 等开水变温 6 分钟

　　　　　找感冒药 1 分钟

　　　　　量体温 5 分钟

1+6=7（分钟）

（2）这样的安排合理吗？

① 一位阿姨边开车边化妆边接电话（×）

② 小丽边写作业边听音乐。（×）

③ 小明为了节省时间，一边走路一边看书。（×）

④ 芳芳边泡脚边看电视。（×）

（反思：本部分主要是更多地去培养学生的思考能力及表达能力）

三、小结拓展

合理安排时间，就等于节约时间。

四、课后作业

请同学们自己设计一张时间表，合理地安排你一天的学习和生活时间。

五、学习体验

小学数学学习体会——新老教师的课堂感受：

学习是一件快乐的事，以前我们的老人却说"小怕读书，老怕放牛"，是的，不要老是把学习当作一种负担，如果把学习当作一种负担，你就会变得烦恼；我们要把学习当作一种乐趣，小学数学学科学习也不能另外，因为兴趣永远都是最好的老师。每一次的练习就是一个尝试的机会，得到老师的表扬是对自己一次又一次的肯定。走进新老教师的课堂，我们感触很深。

1. 过去老师的教学方式

以前教师上课开门见山，直接导入课题，教师讲学生听，教师演学生看，教师写学生抄，教师指定考试范围，学生死记硬背。只有教师的积极性，而无学生的积极性。学生没有思考的余地，没有自己的主张和见解，没有得到知识形成过程的体验。没有交流、没有发言。

2. 今天教师的上课方式

创设符合儿童的教学情景来激发学生的学习兴趣，教师讲得少，学生讲得多，体现了以学生为主体、教师为主导，为学生创造充分的自由发展空间。注重维护学生的尊严和人格，尊重学生的意愿和选择，激发学生的学习兴趣和好奇心。教学中培养学生的思考能力、语言表达能力、动手操作能力。如陈老师在教学《合理安排时间——沏茶问题》时，采用猜谜激趣导入：世界上有一样东西，它是快而又最慢、最长而又最短、最珍贵而又最被人忽略；当它快到极限时，人们才发现它的重要！请问，这究竟是什么……（时间），另外老师还创设了学校 8:20 签到，老师每天听广播 15 分钟，从家开车到学校 20 分钟，吃早餐 10 分钟，现在 7:45 分，只有 35 分钟签到，老师会迟到吗？说一说你的理由，通过学生发言，最终导入课题——今天我们学习的就是合理安排时间（见图 1）。

又如，为培养学生合作探究能力，教师准备了导学案，通过小组合作探究，得出最佳方案，然后采用小组汇报的形式，培养学生的表达能力。

图 1

3. 感受

一次次与同学、老师就不同见解进行交流，使我们享受了一顿顿数学大餐，让我们在愉快、轻松的课堂中学到了知识。学生的自主探究、

小组合作交流，使我记忆犹新，我们真正体会到愉快、轻松的教学氛围。（贵州兴义市敬南镇山脚小学　徐绍伟）

走进陈祖芳老师数学课堂的体会

进入小学大门四年了，我接触了很多数学老师，陈祖芳老师的数学课堂使我体会很深。陈老师的数学课课堂气氛是那样的活跃，他的课堂导入是那样的新颖，对学生来说非常有趣。从上课开始，整堂课学生都在积极思考、积极发言。他让学生发言比较平等，优等生能发言，学困生也能发言，学生在课堂上没有紧迫感，他从不挖苦学生。学生有独特的见解时，他会说你真会思考问题，不像其他老师那样对能回答问题的，称赞"这个同学真聪明"，反之，认为回答不出问题的学生就不聪明。他是那样的平易近人，他创设了符合我们小学生的情景，每次课堂开始，他引导我们不知不觉学习了新的知识。他让我们每一堂课均能轻轻松松地度过，他不要求我们机械地重复记忆，也不要求我们做太多的练习，在他的课堂里，没有孩子会睡觉。在教学抽象的概念、定义时，他让我们小组动手操作、合作交流，再通过小组展示，大家一下便明白了。他的每一堂课，我们觉得是那么的短暂，都有很深的体会。（贵州兴义市敬南镇山脚小学四年级　罗荣恒）

六、教学体验

"三教"教学理念为我的课堂创造了教师教得轻松、学生学得愉快的教学氛围，本节课我以猜谜语的形式导入课题，激发了学生的学习兴趣，以学生身边的实例创设数学情景，让学生感受身边随时随处均存在数学问题，教学中重视培养学生的思考能力、表达能力及动手操作能力，让学生通过小组合作交流学会学习，学会展示自我，教学效果较好。

《平行四边形的面积》教学课例

王德兴

（贵州黔西南州兴义市敬南镇山脚小学 562402）

一、教学设计

（一）教材分析

《平行四边形面积计算》的教学是在学生初步掌握了平行四边形的特征，长方形、正方形的面积计算方法，以及初步认识图形平移、旋转的基础上进行的。教材运用转化思想，在数方格的基础上，通过剪—移—拼，把平行四边形转化为长方形，并分析平行四边形面积与长方形面积的关系，再从长方形的面积计算公式推出平行四边形的面积计算公式。通过实例验证，可以使学生理解平行四边形面积计算公式的推导过程，在理解的基础上掌握公式，也有利于学生知道推导公式的方法，为三角形、梯形的面积公式推导做准备。本节课是促进学生空间观念发展、扎实其几何知识学习的重要环节。它同时又是进一步学习三角形面积、梯形面积、圆的面积和立体图形表面积计算的基础，在整个教材体系中起着承上启下的作用。

（二）学情分析

五年级共有 37 人，大部分学生家长外出务工，子女交给年老的爷爷奶奶、外公外婆代为管养。从大的方面来说，五年级同学整体水平比较平均，学习气氛浓厚，大部分同学学习习惯良好，学习积极性高，能较好地完成学习任务。

平行四边形的面积是在学生已经掌握并能灵活运用长方形面积计算公式，理解平行四边形特征的基础上进行教学的，而且，这部分知识的学习和运用为学习后面的三角形、梯形等平面图形的面积打下了良好的基础。所以本节课是促进学生空间观念发展，渗透转化等数学思想方法的重要环节。学好这部分内容，有利于解决生活中的相关实际问题。

这节课，让学生动手实践，在做中学，经历平行四边形面积公式的得出过程，让学生体会数学就在身边，培养学生发散思维，进一步激活学生学习思维，激发他们学习数学的兴趣。

（二）知识点

平行四边形的面积公式推导及巩固练习。

（三）教学目标

（1）经历动手操作体验、讨论、归纳表达等，探索平行四边形面积公式。

（2）探索并掌握平行四边形的面积公式，会用公式计算平行四边形的面积。

（3）在探索平行四边形面积公式的过程中，感受转化的教学思想，感受面积公式推导过程的条理性和数学结论的确定性。

（四）教学重点难点

重点：理解平行四边形面积计算公式的推导过程，掌握平行四边形面积的计算方法。

难点：掌握平行四边形与长方形之间的内在联系。

（五）设计思路

根据教学内容，因材施教，制定教学思路：创设情境——指导探究——发现规律——实践应用。人人参与教学活动，动脑、动手、动口，达到理解和运用公式的目的。在解决问题中真切感受到数学知识来源于生活，又服务于生活。

二、教学过程

（一）片段1：创设情境，喜欢思考，揭示课题

小故事

以前，有个地主给两个儿子分地，给大儿子分长方形的地，给小儿

子分平行四边形的地，可是两个儿子都认为分给自己的那块地小，都说老地主偏心。（出示课件）这两个图形究竟谁的面积大？你们有什么方法测算吗？

生：长方形的面积我们以前学过，是长×宽，只要量出这个长方形的长和宽，就能求出面积。（老师板书：长方形面积=长×宽）

师：非常好，那平行四边形的面积怎么算呢？这节课就让我们一起来研究：平行四边形面积的计算。（板书课题）

（反思：以小故事的形式揭示课题，调动了学生的学习积极性，激发了学生的学习兴趣，创设学生身边的数学情景，培养学生的思考能力及表达能力）

（二）片段2：小组合作探究，用数方格法求平行四边形的面积

现在大家回想一下，以前我们学习长方形和正方形面积的时候，用过什么方法？

生：我们以前学习长方形和正方形面积的时候，用的是数方格的方法。

师：下面我们就用数方格的方法，算出长方形和平行四边形的面积。

（出示课件）假如覆盖在图形上的小方格，每一小格表示1平方米，不满一格的按半格来计算，你能不能数出这两个图形的面积？（能）那大家就数一数吧！谁能说一下长方形的面积？

生：通过数方格，我知道长方形的长是6米，宽是4米，所以这个长方形的面积是24平方米。（生说师演示课件）

师：平行四边形的面积呢？

生：通过数方格，我知道平行四边形中有24个小格，所以它的面积也是24平方米。

师：你们都是这个结果吗？通过数方格，我们得出这个长方形和平行四边形的面积都是24平方米，也就是它们的面积相等。现在大家再仔细观察，想想长方形的长和平行四边形的底，长方形的宽和平行四边形的高有什么联系？（边说边演示课件）

生：长方形的长和平行四边形的底相等，都是6米，长方形的宽和平行四边形的高相等，都是4米。

师：你们都找到这个关系了吗？看来长方形和平行四边形之间存在

着非常密切的联系。

同学们用数方格的方法，可是在现实生活中，数方格的方法太麻烦了，而且，要是一个非常大的平行四边形，比如草坪或一块地，我们还能用数方格的方法吗？那我们能不能研究出一种更简便的方法，来计算平行四边形的面积呢？

（反思：让学生在算、数、观察的基础上进行比较，让学生初步领悟到平行四边形和长方形的关系，放手让学生自主探索、研究、比较、验证自己的猜想）

（三）片段3：动手操作，推导公式

下面我们就利用这个平行四边形，看能不能把它转化成我们学过的长方形，如果能转化成长方形，看看这个长方形与原来的平行四边形又有什么关系？听清老师的问题了吗？下面就自己动手操作一下吧！自己做完了，可以把你的方法在小组中交流一下，看看谁的方法更好？

师：好，就讨论到这里，刚才同学们讨论得非常热烈，我想大家一定想出了很多方法，谁愿意把自己的方法介绍给大家？

（学生甲边演示边说方法）生：我是这么想的，我从这个顶点向对边做高，然后沿高剪开，就得到了一个三角形和一个梯形，把三角形平移到右边，就拼成了一个长方形。

师：你用词真准确！谁的方法和她相同？我们再找一个人。你能不能再说一遍？学生乙说，师演示课件。还有其他方法吗？

（学生丙边演示边说方法）生：我是从下面的顶点向对边做高，然后沿高剪开，就得到一个三角形和一个梯形，把三角形平移到左边，就组成了长方形。

（学生丁边演示边说方法）生：我是把平行四边形竖着放，从这个顶点向对边做高，然后沿高剪开，就得到一个三角形和一个梯形，把三角形平移到左边，就组成了长方形。

师：刚才这些同学都是从平行四边形的顶点向对边做高，然后沿高剪开，再通过平移就得到了长方形。还有和他们不同的方法吗？

（学生戊边演示边说方法）生：我是从平行四边形的这条边上任选一点向对边做高，然后沿高剪开，就得到了两个梯形，再把这个梯形平移到右边，就拼成了长方形。

师：你的方法真不错，一看就是积极思考了。大家听懂了吗？他是从平行四边形的这条边上任选一点向对边做高，然后沿高剪开，就得到了两个梯形，再把这个梯形平移到右边，就拼成了长方形。还有不同的方法吗？

（学生已边演示边说方法）生：我是从平行四边形的两个顶点向对边做高，然后沿高剪开，就得到了两个三角形和一个长方形，把这两个三角形再拼成一个长方形，和这个长方形拼成一个大的长方形，计算出这个长方形的面积，也就是平行四边形的面积了。

师：你的想法真独特。同学们经过思考，想出了这么多的方法，还有其他方法吗？老师这还有一种方法，也想和大家交流一下，你们想不想知道？（出示课件）这是一个平行四边形，我从这两条边的中点分别向对边做垂线，然后沿垂线剪下，就得到了两个小三角形，再把这两个小三角形旋转，就得到了一个长方形，再看一下全过程，先找平行四边形的中点，从中点向对边做垂线，沿垂线剪开，通过旋转就得到了一个长方形。看清楚了吗？我们研究出了几种方法？你认为哪种方法最简单？不管是哪种方法，我们都能把平行四边形转化为长方形，看，长方形和原来的平行四边形之间有什么关系呢？想一想，它们什么变了？什么没变呢？

生：形状变了，由平行四边形转化为了长方形，面积没变。

师：再仔细观察，还有什么关系？看看长方形的长和平行四边形……

生：长方形的长和平行四边形的底相等，长方形的宽和平行四边形的高相等。

师：谁能完整地说一遍？

生：形状变了，由平行四边形转化为了长方形，面积没变。长方形的长和平行四边形的底相等，长方形的宽和平行四边形的高相等。

师：你们都找到这个关系了吗？根据长方形面积=长×宽，你能不能推导出平行四边形面积的计算公式？

生：平行四边形面积=底×高（板书）

师：也就是说，要想求平行四边形面积，必须知道它的底和高。如果用大写字母 S 表示平行四边形的面积，a 表示底，h 表示高，谁能用字母描述一下平行四边形面积的公式？

生：S=a×h（板书）

师：我们学过字母间的乘号可以用小圆点表示，或者省略不写，所以这个公式还可以写成 S=ah（板书）。齐读一遍。

（反思：把平行四边形转化成长方形，剪、拼的方法是关键，通过剪、拼方法的交流，凸显了剪、拼方法的本质，训练了学生思维的灵活性。动手剪拼，进一步强化了对转化过程的认识与理解，初步感受到底和高相乘就是面积，对下一步教学有着承上启下的作用）

让学生观察发现转化前、后图形之间的联系，找共同点，自主推导平行四边形面积的计算公式，表达推导过程，发挥了学生的主体作用，发展了学生抓住"关键有序"要点表达的数学能力，有效地突出了教学重点。

引导学生反思学习过程，总结活动经验，既体现了新的课程理念，又培养了学生的反思意识和反思能力，为学生的终身发展奠定基础。真正体现"三教"教学理念中的"教思考""教表达""教体验"，让学生学会学习。

（四）片段4：面积公式的应用

你们用自己的智慧研究出平行四边形面积公式，下面我们就用它来解决现实中的问题，大家手里都有平行四边形纸，我们就用尺子来量一量它的底和高，计算出面积。（动手量并计算）谁能说说你是怎么做的？

师：你们都是这么做的吗？老师要强调一点，在计算图形面积的时候，通常我们第一步要先把公式写上，这是求平行四边形面积的，所以我们要先写 S=ah，再把底和高的数字代进去，再计算出结果，清楚了吗？

【例1】平行四边形花坛的底是6米，高是4米，它的面积是多少？

$$S=ah=6\times 4=24（平方米）$$

答：它的面积是24平方米。

（反思：主要在于更多地去培养学生的思考能力及表达能力）

（五）片段5：实践应用，解决问题

（1）我们看下一个练习题：一个平行四边形，只告诉了面积和底，要求高，你们会做吗？在本上做。

已知平行四边形的面积是28平方米，底是7米，求这个平行四边形

的高是多少？

生：这道题已知面积和底，求高，根据平行四边形面积公式得出：高＝面积÷底，所以我用 28÷7=4（米）（师板书）

师：下面仔细听，老师把题给改一下，如果已知一个平行四边形的面积和高，要求底，我们应该怎么做呢？

生：如果已知平行四边形的面积和高，求底，根据平行四边形面积公式可以导出：底＝面积÷高（师板书）

（2）出示课件。

能不能发现什么？又能得到什么结论？生讨论。

生：我发现这两个平行四边形的底和高都相等，面积也相等。

师：我们看，这两个图形有什么不同？（形状）可是它们的面积相等，这是为什么呢？

生：因为它们的底和高相等。

师：那你能不能得出一个结论呢？

生：两个形状不同的平行四边形，只要它们的底和高相等，面积就相等。

师：总结为一句话，也就是等底等高的平行四边形，面积相等。

（反思：解决实际问题，增强学生的应用意识。突出对应，明确计算面积的关键所在，感悟对应思考的价值和作用。培养学生发现规律、表达想法、解释现象、阐明道理的能力）

三、总结全课，拓展延伸

转化思想是一种重要的解决数学问题的方法，它是连接新旧知识的桥梁，合理利用，不仅可以掌握新知识，还可以巩固已学知识。希望同学们能把它作为我们的好朋友，帮助我们探索更多数学奥秘。

通过本节课的学习，同学们一定收获很多，下课以后，把自己的收获用日记记录下来，主动地到生活中去发现和解决一些关于平行四边形面积计算的问题。

四、板书设计

平行四边形的面积

```
长方形的面积  =  长    ×    宽
    ↓            ↓         ↓
平行四边形的面积=底    ×    高
S =ah
```

五、教学体验

（一）创设生活情境，激发思考探究欲望

小学数学内容来源于生活实际，它应当是现实的、有意义的、富有挑战性的。创设与学生的生活环境和知识背景密切相关而又感兴趣的学习情境，有利于让学生积极主动地投入数学活动中。上述教学片段中，学生看到了平行四边形来源于生活实际，也体会到计算它的面积的用处，这就使学生对学习的内容产生了浓厚的兴趣和亲切感，激发起他们强烈的求知欲望，使学生能以饱满的热情投身于新知识的探究之中。

（二）重视学生的自主探索和合作学习体验

动手实践、自主探索与合作交流是学生学习数学的重要方式。苏霍姆林斯基说过："在人的心灵深处都有一种根深蒂固的需要，就是希望感到自己是一个发现者、研究者、探索者，而在儿童的精神世界中，这种需要特别强烈。"上述教学片段中，对传统的平行四边形面积的教学方法做了大胆改进。为学生解决关键性问题——把平行四边形转化为长方形奠定了数学思想方法的基础。这一设计意图在教学中得到了较好的体现，课后调查发现全班有近三分之二的同学想到了把平行四边形转化成已经学过的图形这一方法。接着教师鼓励学生用自己的思维方式大胆地提出猜想，由于受长方形面积公式的干扰，大多数同学认为：平行四边形面积等于两条相邻边的乘积。对于学生的猜想，教师均给予鼓励。因为虽然第一个猜想的结果是错误的，但就猜想本身而言却是合理的，而创新思维的火花往往在猜想的瞬间被点燃，不同的猜想结果又激发起学生进行验证的需要，需要同学们做进一步的合作探索。令人惊喜的是，有的同学竟能发现两种猜想有矛盾之处，这是我所始料不及的，仔细想想，这虽出乎意料，却又在情理之中。因为教师为学生创设了一种民主、宽

松、和谐的学习氛围，给了学生充分的思考问题的时间与空间，在这样的课堂教学中教师始终是学生学习活动的组织者、指导者、合作者，在这样的课堂学习中学生乐想、善思、敢说，他们可以自由地思考、猜想、实践、验证……

在学生独立思考、自主探索的基础上组织学生进行合作交流是本节课的重点环节，教师在放手让学生从自己的思维实际出发，给学生以独立思考时间的基础上让学生进行交流是十分必要的。由于学生的学习活动是独立自主的，因此面对同样的问题学生会出现不同的思维方式，让学生在独立思考的基础上进行合作交流能满足学生展示自我的心理需要，同时通过师生互动、生生互动，能够使学生从不同的角度去思考问题，能够对自己和他人的观点进行反思与批判，在合作交流中互相启发、互相激励、共同发展。上面的教学片段中，学生之所以能想到用割补法将平行四边形转化为长方形，正是通过相互交流、相互启发才得到"灵感"的，因而平行四边形转化成长方形的各种方法正是集体智慧的结晶。学生只有在相互讨论、在各种不同观点相互碰撞的过程中才能迸发出创造性思维的火花，发现问题、提出问题、解决问题的能力才能不断得到增强。

（三）培养学生的问题意识

问题是数学的心脏，能给学生的思维以方向和动力，不善于发现、提出和解决问题的学生是不可能具有创新精神的。要培养学生的问题思考意识，首先教师要精心设计具有探索性的问题，教师的提问切忌太多、太小、太直，那种答案显而易见的一问一答式的问题要尽量减少。上述教学片段中，为了引导学生进行自主探究，我设计了这样一个问题："你能想什么办法自己去发现平行四边形面积的计算公式呢？"这一问题的提出不在于公式本身，而在于发现公式的方法，这样学生的思维方向自然聚焦在探究的方法上，于是学生就开始思考、体验、猜想，并积极探求猜想的依据。当学生初步用数方格的方法验证自己的猜想后，我又提出了这样一个问题："这个公式能运用于所有的平行四边形吗？"这个问题把学生引向了深入，不仅使学生再次激发起探究的欲望，使学生对知识理解得更深刻，同时更是一种科学态度的教育。其次，要积极鼓励学生敢于提出问题。教师对学生产生的问题意识要倍加呵护与尊重，师生之间应保持平等、和谐、民主的人际关系，消除学生的紧张感，让学生充分展现灵性，展示个性，把自己的思考表达出来与大家分享。在上述教学片段中，我积极鼓励学生进行大胆的猜想，提出自己的问题。于是，"平行四边形面积该怎样求？是等于两条邻边乘积还是等于底乘高？""该怎样来验证自己的猜想呢？""怎样用数方格来数出平行四边形的面积？""怎样用转化的方法把平行四边形转化成长方形呢？"……这些问题在学生的头脑中自然产生，学生在独立思考、相互交流、相互评价的过程中感受到自己是学习的主人，满足了学生自尊、交流和成功的心理需求，从而以积极的姿态投入到数学学习之中。

（四）初步体验科学探究的方法

科学探究的方法是创新能力的必要基础，是每个公民必须具备的基本素质。纵观这个片段的教学过程，初步体现了"提出问题——大胆猜测——反复思考验证——总结规律——灵活运用"这一科学探究的方法，让学生通过自身的实践活动对科学探究的方法有了初步的了解，体验到知识的产生都经历了曲折艰苦的创新过程。而现有的教材较多地呈现了知识的结论，很少反映知识的产生过程。因此，我在进行教学时对教材进行了重组，在把握教材内涵的基础上，把教材的知识结论变成学生主动参与、探究问题、发现规律的创新过程，培养了学生科学探究的精神，不仅使学生的智慧、表达能力得到发展，而且获得了深层次的情感体验。

《植树问题》(两端都栽)教学课例

王德兴

(贵州黔西南州兴义市敬南镇山脚小学 562402)

一、教学设计

(一)教材分析

《植树问题》是人教版新课程标准实验教材五年级上册"数学广角"的内容。本节课主要探讨关于在一条线段上植树的问题,一般有三种情形:只栽一端、只栽中间、两端都栽等。例1主要研究两端都要栽的植树问题,也是这一系列内容的起始课。教材以学生比较熟悉的植树活动为线索,让学生选用自己喜欢的方法来探究栽树的棵数和间隔数之间的关系,经历猜想、试验、推理等数学探索的过程,启发学生透过现象发现其中的规律,抽取出数学模型,再利用规律回归生活,解决生活实际问题。

(二)学情分析

我班现有学生37人,其中留守儿童3人。知识和能力方面情况如下:

知识方面:"植树问题"对知识面较广的学生来说并不陌生。通过课前调查,部分学生对这一内容已经有所了解,四年级上学期也做过一些植树问题的题目,但并没有真正理解植树问题的本质特征。

能力方面:从学生的思维特点看,虽然四年级学生仍以形象思维为主,但抽象思维能力也有了初步的发展,具备了一定的分析综合、抽象概括、归类梳理的数学活动经验。

(三)知识点

探讨植树问题中两端都要栽的情况,让学生先通过画线段图发现棵数和间隔数之间的关系，再用发现的规律解决实际问题。

（四）教学目标

（1）通过合作探究，动手实践，让学生在做数学题的过程中通过经历由现实问题到数学建模，理解并掌握植树棵数与间隔数之间的关系。

（2）让学生掌握通过画线段图来解决问题的方法，并初步认识"化大为小"的数学思想方法，能灵活解答植树问题。

（3）让学生在探索、建模、用模的过程中体验到学习成功的喜悦和认识归纳规律对后续学习的重要性，培养学生探索归纳规律的意识，体会解决植树问题的思想方法。

（五）教学重点难点

重点：在探究活动中发现规律，抽取数学模型，并能够用发现的规律来解决生活中的一些简单实际问题。

难点：通过教学让学生理解"两端都种"情况下棵数和间隔数之间的规律，并利用规律来解决生活中的实际问题。在应用的过程中会出现很多种情况：一边或两旁；有的求全长；有的求棵数；有的求间隔数。

（六）设计思路

新课标指出："有效的数学学习活动不能单纯地依赖模仿与记忆，动手实践、自主探索与合作交流是学生学习数学的重要方式。"同时指出："学生是数学学习的主人，教师是数学学习的组织者、引导者与合作者。"结合新课标的要求，教学中力求发挥学生的主体地位，让他们动脑、动手、合作探究，经历分析、思考、解决问题的全过程，由植树问题体会重要的数学思想方法。

二、教学过程

（一）片段1：谈话引入，明确课题

师：同学们，让我们先来观看一组图片吧！（看完后）这些图片漂亮吗？你们知道人们为什么要植树？

生：植树可以美化我们的环境，保护地球。

生：植树可以净化空气。

师：植树不仅可以保护环境、美化家园，而且其中还有一些有趣的数学问题。你们想知道吗？

生：齐声回答"想"。

师：今天我们就来研究植树问题。

（板书课题：植树问题）

（反思：创设问题情境，激发求知欲。上课伊始，教师用漂亮的树木图片引出植树问题，这其中渗透了环保教育，使学生初步感知植树与我们的生活密切联系。植树中还藏着有趣的数学问题，激发学生强烈的好奇心和求知欲，培养学生的思考能力及表达能力）

（二）片段2：课件出示例1，理解题意，学生独立解答

例1：同学们在全长100米的跑道一边植树，每隔5米栽一棵（两端要栽）。一共需要栽多少棵树苗？

师：从题中你们了解到了哪些信息呢？

生：路长100米，每隔5米栽一棵，两端要栽等。

师：谁能理解"两端要栽"是什么意思？

生：两端要栽也就是两头都要种。

师：（实物演示）指一指哪里是这根小棒的两端。

师：如果把这根小棒看作是这条跑道，在跑道的两端要种就是在小棒的两头要种。

师：题目的意思我们都理解了，现在请同学们自己动笔算一算，一共需要多少棵树苗？

生反馈答案。

方法一：100÷5=20（棵）

方法二：100÷5=20（棵）　　20+2=22（棵）

方法三：100÷5=20（棵）　　20+1=21（棵）

师：现在出现了3种答案，到底哪种答案是正确的呢？

通过观察学生举手，了解学生的解题情况。

师：哪一种解法才是对的呢？怎么样验证呢？

（反思：我设计了一道在 100 米的跑道一边植树的问题，是为了先让学生独立自主地思考、解答问题，得到不同的算法，引起学生们的思考：哪种才是对的呢？怎么验证？激发他们的求知欲，引入下一步的教学。真正体现"三教"教学理念中的"教思考""教表达""教体验"，让学生学会学习）

（三）片段3：简单验证，发现规律

（1）画图实际种一种。（课件演示）

生：可以画图实际验证一下，一共可以栽多少棵？

师：那应该怎么画呢？

生：可以用一条线段表示这条跑道。"两端要种"是指从这条跑道的这头开始，先在头上种一棵，然后隔 5 米再种一棵，再隔 5 米再种一棵，再隔 5 米再种一棵，照这样一棵一棵地种下去……

师：大家看，已经种了多少米？（45 米。）这么长时间才种了 45 米，一共要种多少米？（100 米。）要一棵一棵地种一直种到 100 米！同学们，你有什么想法？

生：太累了，太麻烦了，太浪费时间了。

师：老师也有同感，一棵一棵地种到 100 米确实太麻烦了。其实，像这种比较复杂的问题，在数学上还有一种更好的研究方法，大家想知道吗？这种方法就是：遇到比较复杂的问题先想简单的，从简单的问题入手来研究。

（2）画一画，简单验证，发现规律。

师：在全长 10 米的小路一边植树，每隔 5 米栽一棵（两端要栽，见图1）。一共需要栽多少棵树苗？画图种一种，看看种了多少棵。比一比，看谁画得快种得好。

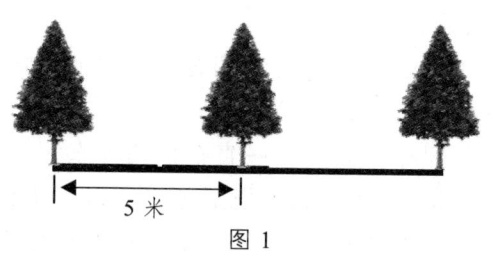

图1

师：想想这一题如何解答？

生：10÷5＝2（个）　　　2＋1＝3（棵）　　答：一共需要3棵树苗。

师：算式中10÷5＝2（个）的2个表示什么？

生：表示2个5米。

师：对了，说明有2个间隔，也就是间隔数为2个。那为什么要加1呢？

生：因为从图中可以看出棵数比间隔数多1个。

师：跟上面一样，再种一种其他的长度，看一看，这次你又分了几段，种了几棵？分小组活动：画一画、算一算、议一议、填一填，并找一找规律。

学生分组合作，画一画、填一填、想一想、说一说。

师：谁来说说你的结果？

两端都栽			
全长（米）	间隔长度（米）	间隔数（个）	棵数（棵）
5	5	1	2
10	5	2	3
15	5	3	4
20	5	4	5
25	5	5	6
……	……	……	……

师：这些分成的段数用数学语言来说叫间隔数。

师：听了你们的汇报，我似乎发现了什么，你们有新的发现吗？请同学们仔细观察这几组数据，先动脑想想，然后把你的发现和同组的伙伴们说一说。

（引导学生在小组内先讨论，互相说说发现的规律）

师：谁愿意代表你们小组说说你的发现？

生：棵数＝间隔数＋1。

师：你们真了不起，发现了植树问题中非常重要的一个规律。那就是——（板书：两端要种：棵数＝间隔数＋1）

师：我在说这个规律的时候，一直在强调什么？

生：必须是两端都种。（师在课题后板书：两端都种）

师：同学们，要总结出这一规律，除了用画线段图的方法以外，我

们还可以借助手来理解验证这一规律。请同学们伸出小手看一看，数一数我们5个手指之间有几个间隔（见图2）。（4个）

两端要种：棵数=间隔数+1。

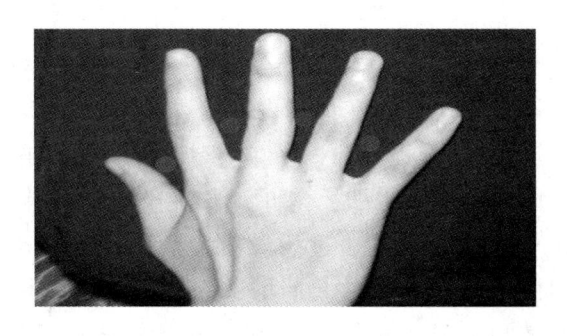

图2

（反思：在渗透化归思想的同时，还要让学生明确简单事例中的各部分名称的实际意义。如在研究10米的路上种树的情况时，必须明确2段是什么意思，怎么得到的，为什么是3棵树，它跟2段有什么关系，20米、25米……同样如此。

在经历了从简单事例入手之后，各部分名称的实际意义已经得到了强化。与此同时，植树问题（两端都栽）的一般解法也已经得到了归纳。再让学生通过经历"画一画""数一数""议一议"的步步渗透，最后求100米种几棵树是水到渠成的事。在这里我们着重强调两个方面的内容：一是算式的渗透。用算式来表示学习的过程与结果是数学教学的特色，这一点必须贯穿整个研究过程。二是关注和强化理解"段数"也就是间隔数的概念，因为它是解决一切植树问题的基础与起点。只有在理解间隔数的基础上来研究棵数，学生学起来才不那么难。真正体现"三教"教学理念中的"教思考""教表达""教体验"，让学生学会学习）

（四）片段4：应用规律，解决问题

（课件出示：前面例题）

师：应用这个规律，前面这个问题，能不能解决问题了？哪个答案是正确的？100÷5=20，这里的20指什么？

生：指的是段数。（间隔数）

师：20+1=21，为什么还要+1？

生：棵数等于间隔数加1。

师：现在你们说刚上课时，哪个同学的做法是正确的？

师：你真了不起。

师：通过把复杂的问题简单化，发现了"两端都要种"求棵数的解题规律，你们能够独立解决植树问题了吗？

（反思：经历探究，发现规律。学生是学习的主人，新课程倡导学生动手操作、合作探究的学习方式。因此，首先让学生小组合作动手操作，可以画线段图，可以摆石子，通过线段图和摆石子等活动模拟在路的一侧种树，找到间隔数和树的棵数之间的关系，即发现植树问题的规律。探究过程中大胆放手让学生想一想、画一画、说一说，既满足了学生的表现欲望，又培养了他们自主探索的意识。教师恰当地向学生渗透"遇到比较复杂的问题先想简单的，从简单的问题入手来研究"这一数学思想。本部分主要体现"三教"教学理念中的"教思考""教表达""教体验"，让学生学会学习）

（五）片段5：巩固新知，应用深化

（1）教师讲解现实生活中类似栽树这种问题还有很多，比如安装路灯、设公交车站、敲钟等。

（2）以闯关游戏完成习题。

第一关，我会想：环卫工人要在我镇城外公路沿河的一侧栽柳树，这条公路全长1 000米，每隔5米种一棵树（两端都要种）。一共需要多少棵树苗？

学生解答，并说明思考过程。

第二关，我会变：在一条全长2 000米的街道两旁安装路灯（两端也要安装），每隔50米安一座。一共要装多少座路灯？

演板同学算式是： 2000÷50 = 40

40 + 1 =41（座）

师：有没有不同的做法？

生：这个题目中要求在"两旁"装，所以还应加上一步：41×2=82（座）

师：你观察得很仔细，真不错！让我看看这幅图吧！

第三关，解决问题我能行：园林工人沿公路一侧植树，每隔 6 米种一棵，一共种了 36 棵。从第 1 棵到最后一棵的距离有多远？

学生解答，老师讲解。

师：恭喜所有顺利过关的同学，你们真棒！不仅能通过自己的观察、思考找到植树问题中当两端都栽树时棵数=间隔数+1，而且还运用规律解决了生活中的实际问题。

（反思：应用规律，解决问题。结合生活实际运用所发现的规律解决问题，从而促进理解，提高解决问题的能力。通过分层练习的设计，满足不同学生的不同学习需求，让每个学生得到最大程度的提高。

有关研究表明，小学生的有意注意一般只能持续到上课的前 20 分钟左右，因此在练习巩固环节，大多数学生都比较疲惫。针对学生的注意力特点，设计了闯关游戏，并且三关的习题设计形式多样，难易度上呈现梯次分布。这样不仅有效地激发了学生的学习兴趣，并且使新知识的应用检测落到实处。本部分主要是更多地去培养学生的思考能力及体验能力）

三、全课总结

通过这节课的学习，你有什么收获？

生：我知道了两端都种时，间隔数+1=棵数。

生：我还知道了化难为简的解题方法。

师：通过今天的学习，我们发现了植树问题中两端要种的规律，而且还学习了一种研究问题的方法，那就是遇到复杂问题先想简单的。

（反思：帮助学生梳理知识，思考自己的学习过程，体验学习方法，获得数学学习的经验）

四、板书设计

植树问题

$$10 \div 5 = 2（个）$$
$$2 + 1 = 3（棵）$$

两端都种　　棵树＝间隔数＋1

间隔数＝棵树－1

六、教学体验

这个知识点的原型是一条直线路上用不同的间隔来栽树，得到不同的棵树，通过数字间的归纳，得出规律性结论并应用。教材将植树问题分为几个层次：两端都种，两端不种，只种一端。在教学中，侧重于向学生渗透化归的数学思想。在我看来，我们不仅仅是让学生会熟练地解决与植树问题相关的实际问题，而且应该将此类题作为渗透学生化归思想和原型提炼方法、甚至是培养学生双向可逆思维的一个学习支点，我要做的就是借助内容的教学发展学生的思维并提升学生思考的能力，从课堂效果来看，还是取得了一定成效的。

（一）教学设计分两条线

一条是以构建学生知识结构为线索，使学生对植树问题的认识经历了"生活问题——猜想验证——建立模型"不断数学化的过程，较好地实现了由生活中的具体问题过渡到相应的"数学模式"，为上升到更抽象的数学高度奠定了基础。然后又让学生运用模型解决问题，把数学化的东西又回归生活，也让学生再一次体验数学与生活的紧密联系。

另一条是以渗透数学思想方法为线索。对于植树问题的探究，让学生通过画线段图的方式，通过自主探究、小组合作、寻找、掌握等模式，结合线段图理解为什么两端都要种树时，棵数要比段数多1，多的1指的是哪棵树。让学生不仅知其然，还知其所以然。

（二）注重学生的自主探索，体验探究之乐

体验是学生从旧知识向隐含的新知识迁移的过程。教学中，我创设了情境，向学生提供多次体验的机会，为学生创设了一种民主、宽松、和谐的学习氛围，给了学生充分的时间与空间。强调小组的合作发现。

教师把学习主动权交给学生，为学生留下较大的思维空间，让他们跳起来摘果子。课始从引导学生看录像入手，使学生通过生活经验感悟到植树的意义。课堂贯穿了师生合作、生生合作、集体合作等形式。

（三）创设生活的教学情境

将学生熟悉的生活情境和感兴趣的事物作为教学活动的切入点，从学生已有的生活经验出发，为学生创设了植树、插彩旗、安装路灯等情境，使学生身临其境地分析问题和解决问题。

（四）营造和谐的学习氛围

通过解决两端都要栽树的植树问题，引导学生思考概括出规律，变知识的接受过程为和谐的创新过程。

七、教学中需改进的地方

（1）由于这节课充分展示多媒体对教学的辅助作用，所以容量比较大，有个别学生吃不透，对教材的梳理上还要学会取舍，照顾好中差生。

（2）除非题目中出现很明显的两端都种，否则学生不大会主动判断属于哪一类植树问题。

（3）解决问题时，审题不够谨慎，容易忽略两边或者两端这样的词。

（4）对学生的评价这块还显得能力不足。

总之，"三教"教学理念为我的课堂创造了教师教得轻松、学生学得愉快的教学氛围。本节课将枯燥乏味的教材内容设计成生活中看得见、摸得着、听得到、有价值、适合学生发展的数学学习过程。让学生真正感受到数学的魅力，体验到学习数学的乐趣，"生活即课堂"的观念深入人心。教师在学生实践的基础上，引导学生思考了植树、插彩旗等实践活动，在生活情境中的学习，让学生寻觅到了数学知识的源泉，让学生体会到了数学的价值和魅力。

《用字母表示数》教学课例

罗礼艳

（贵州省黔西南州兴义市敬南镇布雄小学 562402）

一、教学设计

（一）教材分析

《用字母表示数》是人教版五年级上册第四单元《简易方程》的第一课时，这一内容，看似浅显、平淡，但它是由具体的数和运算符号组成的式子过渡到含有字母的式子，是学生学习数学的一个转折点，这一内容既是学习方程的基础，也是学习代数初步知识的入门。

（二）学情分析

用字母表示数对于学生来说并不陌生，在过去的数学学习中，学生对字母已有一定的接触和了解，但是由学习一个特定的数过渡到用抽象的字母来表示一般的数，是学生认识上的一个飞跃，这在刚开始学习时对学生来说会有一些困难，不少学生感觉一时还难以接受，因此他们对字母表示数的理解也不可能是一蹴而就的，需要在具体学习活动中反复不断地体验，逐步感受字母表示数的意义。

（二）知识点

用字母表示数的意义。

（三）教学目标

（1）学生借助生活中的实例，学会用字母表示数，体会用字母表示数的必要性和重要性，能在具体的情境中利用字母表示数，进行数学表达和交流。

（2）在探索现实世界数量关系的过程中，体验用字母表示数的简明性，增强数学意识，初步体会归纳猜想、数形结合等数学思想方法在数学中的应用，并在自主探索、合作交流中获得成功的体验。

（四）教学重难点

重点：理解字母表示数的意义。

难点：探索规律，并用字母表示简单的数学规律。

（五）设计思路

一是创设具体问题情境，提供丰富的感性材料，激发学生求知欲；二是引导学生自主探究，学会从具体事例中逐步进行抽象概括；三是有机结合，运用多媒体教学手段和传统方式方法，在这一系列活动中，让学生通过观察、比较、思考、交流、概括、应用与反思等多种学习方法进一步了解字母可以表示数，含有字母的式子既可以表示数量关系，也可以表示数量。再通过各种联系将其转化为解决问题的策略，发掘不同层次学生的不同能力，从而培养学生挖掘问题的能力、交流能力和解决问题的能力。

二、教学过程

（一）片段1：古诗激趣，揭示课题

图1

师：孩子们你们还记得宋代诗人王安石的《梅花》那首诗吗？出示课件。（见图1）

生：读诗。

师：墙角有"数"枝梅花，到底有几枝梅花呢？你能从数学的角度想个办法，精练地表示出梅花的枝数吗？

生：能。

生1：a枝。

生2：b枝。

生3：c枝。

……

师：你们刚刚用那么多的字母表示了"数枝"，此处你们用字母表示的是怎样的一个数？

生1：数不清的数。

生2：未知数。

师：是啊！字母的用处非常大，这节课，我们就来研究"用字母表示数"，一起来感受它那神奇的魅力！

（反思：诗与用字母表示数有许多相通之处，它们都是高度概括的，具有简洁美。以古诗导入，既弘扬了民族文化，又能从中发现数学问题，有效地奏响探索知识的序曲）

（二）片段2：合作交流，探索新知

活动（一）：

推想（师生）年龄，体验字母的妙用。（猜年龄）

师：让我猜猜你们今年有多大了？嗯，大多数同学今年10岁。

生：对对对……

师：那你们知道老师今年有多大吗？（猜猜看）

生：（摇了摇头）不知道？

师：老师透露一点信息，老师比班上大多数同学大28岁。现在你知道老师有几岁了吗？你是怎样知道的？

生：38岁（见图2）。我是这样想的，我们班大多数同学10岁，老师比班上大多数同学大28岁，我用老师比班上大多数同学大的28岁加上班上大多数同学今年的年龄10岁就是老师今年的年龄。

师：你真是一个不但善于思考而且表达能力特强的孩子。

师：那么当你们 1 岁时，老师有几岁？怎样列式？

生：29 岁；1+28。

师：我们一起来做个游戏。让我们进入时空隧道，大家可以回到从前，也可以展望未来，推算当你几岁时，老师是多少岁？

生：前后桌交流后汇报。（见图 2）

我 1 岁时，爸爸 31 岁……

我比小红大 30 岁。

小红的年龄/岁	爸爸的年龄/岁
1	1+30=31
2	2+30=32
3	3+30=33
……	……

图 2

活动（二）：

师：如果再次出现年龄推算问题，你们还会推算吗？课件出示例 1。（自学例题，独立完成）

交流汇报：

师：这些式子，每个只能表示某一年爸爸的年龄。能不能用一种简明的方式表示出任何一年小红的年龄和爸爸的年龄？

生：能。

生：爸爸的年龄=小红的年龄+30 岁；用 a 表示小红的年龄，爸爸的年龄就是 $a+30$。

师：你们同意吗？

生：同意。

师：算一算，当 $a=11$ 时，爸爸的年龄是多少？

生：$a+30=11+30=41$（岁）

师：a 可以是哪些数？a 能是 200 吗？为什么？

生：不能，因为不符合实际，人不可能活 200 多岁。

师：说得真有道理，正因为人的寿命是有限的，所以字母 a 在这里所取的数值只能是人的寿命范围内的数。看来用含有字母的式子表示生活中的数量关系时，字母所取的数要符合实际生活的情况。

师：如果爸爸的年龄用 a 表示，那女儿的年龄应该怎样表示？

生：$a-30$

师：这里的 a 与前面的 a 意义相同吗？

生：不相同。

师：既然两个 a 表示的含义不相同，因此，在同一事件中为了避免混淆，我们通常用不同的字母表示不同的含义。

（反思：充分发挥年龄问题这个具体实例对于抽象概括的支撑作用，引导学生经历从"具体事物——个性化地用符号表示——学会用字母表示——代入求值"这一逐步符号化、形式化的过程，促使学生自我改造原有认知结构，主动探索用字母表示数的方式，感受符号化思想和用字母表示数的优越性，自然促成由算术思维到代数思维的过渡，培养了学生的思考表达能力）

活动（三）：

图 3

师：让我们开动大脑用字母表示数解决更多的数学问题吧。

课件例 2 出示。

师：你收集到了哪些数学信息？知道为什么会这样吗？

学生自主探究。

师：照这样推算，你能独立完成下表吗？

在地球上能举起物体的质量/千克	在月球上能举起物体的质量/千克
1	1×6=6
2	
3	
……	……

师：如果用 x 表示人在地球上能举起物体的质量，那么人在月球上

能举起物体的质量可以怎样表示？

小组交流。

生：$x×6$。

师：$x×6$也可以写成$6x$；乘号可以省略，省略的时候数字在字母前面。乘号也可以用"·"代替。

师：图中的小朋友在地球上只能举起15千克的物体，他在月球上能举起多少千克的物体？

生：$6x=6×15=90$（千克）答：他在月球上能举起90千克的物体。（见图3）

（反思：为学生创设广阔的思考空间，完全放手让学生自主探究例2，引导学生主动地进行思考、讨论、交流等活动，促使学生再一次经历用含有字母的式子表示数和数量关系的过程，进一步发展学生的抽象概括能力）

（三）片段3：巩固提高（见图4）

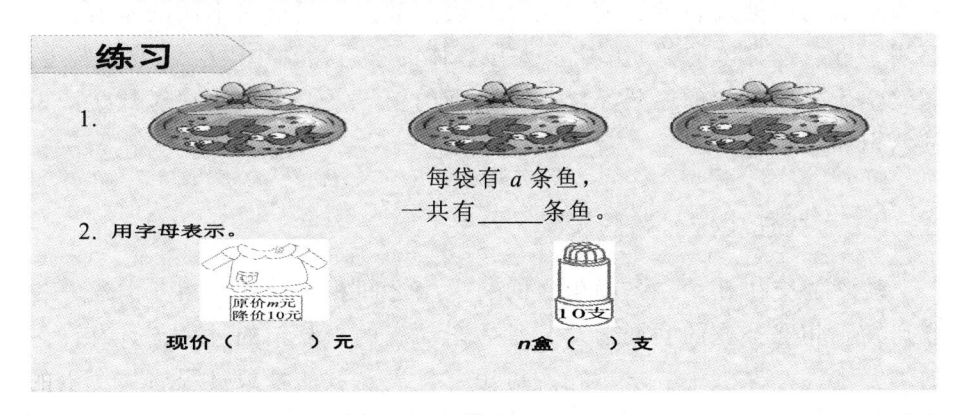

1.

每袋有 a 条鱼，一共有_____条鱼。

2. 用字母表示。

原价m元
降价10元

现价（　　）元

10支

n盒（　　）支

图4

3. 一个成年人正常含水量是人体重的0.65倍。一个人体重b千克，则这个人身体中水的含量是多少千克？

学生独立完成。

指名汇报。

（四）片段4：回顾反思，小结提升

（1）孩子们，你们对字母又有了哪些新的认识？

（2）学生汇报。

（3）最后，老师想送给你们一句伟人爱因斯坦的名言作为礼物，A=X+Y+Z，A：成功；X：艰苦的劳动；Y：正确的方法——Z：少谈空话。

（反思：师生共同归纳，加深理解，使之成为一个完整的知识体系，实施有意义的自我建构。在信息交流中，充分调动学生的主动性，促使学生用数学的眼光去观察、分析和判断现实生活，提升学生的数学素养及概括表达能力）

三、教学体验

（一）创设情境，注重感悟

教学时，注意联系生活实际创设情境，用古诗引入，抓住"数枝"引导学生思考，让学生经历从实际问题中用字母表示数的体验，通过猜年龄让学生感到我们学习的就是我们身边的数学。使学生真正理解用字母表示数的好处及目的，明白用字母表示数这是代数最本质的东西，体会用字母表示具体的数，并让学生在具体的学习活动中学会思考与表达，激发学生探索新知的愿望。学生在情境的引导下，主动实现对数学知识的认识和理解。

（二）关注生成，着眼发展

教学的交往互动，是师生之间、生生之间相互交流、相互沟通、相互启发、相互补充的共同活动，是一个动态的、复杂的过程，具有许多的不确定性。课堂中，学生在亲历用字母表示数的抽象过程后，产生的想法是多样的；对例1中的"$a+30$"，学生的认识是不同的；例2中的"$6x$"与情境的联系也是多样的。这些都需要教师遵循学生发展的需要，灵活调整教学活动。

（三）优化语言，多样评价

正如比利时学者德朗舍尔说："在我们的教学形式中，教师的口头语言行为表示了他所做的全部事情和他要学生做的全部事情。"这节课，我十分重视教学语言的优化，使自己成为学生学习的激励者。激励的评价语言，给学生以努力的方向。在教学中，有个别学生不能自觉使用含字母的乘法简写形式。我以为：一要给足学生自学与交流的时间，适时进行小结，增加简写的训练；二要理解学生，包容学生。这种省略乘号的写法以前没有接触，虽然透过"用字母表示数"的第一课时的学习，明白如何简写，明白这种写法的简洁，但仍觉得不习惯，因此不能自觉运用。相信随着学习时间的推移，学生会十分乐意选取简写，也会熟练、自觉地进行表达和运算。

总之，用字母表示数是由数到式的一个过渡，是从特殊的数到一般的抽象的含字母的代数式的过渡，是数学上的一个大的转折点。我在教学过程中首先使学生明确"式"也具有数的一些性质，以及字母表示数的好处，这样做能够使问题的阐述更简明、更深入，同时，前面学过的数与代数的知识，也得到了巩固、加强和提高。

《6~10的认识和加减法：连加连减》教学课例

张成敏

（贵州省黔西南州兴义市敬南镇山脚小学 562002）

一、教学设计

（一）教材分析

本节课是根据学生的年龄特点，通过学生生活中饶有兴趣的情节，让同学联系情节的发展过程，建构连加连减的运算模式，感受数学知识在生活中的应用，体会数学的乐趣。学生已经掌握10以内的加减计算，对生活中感兴趣的情节发展有初步的分析能力。教材将连加、连减一并进行教学，有利于连加、连减的对比，掌握运算顺序；还有利于巩固10以内的加减计算，为下一课加减混合计算做好准备。

（二）学情分析

连加、连减虽然不是加法和减法单元的教学重点，但却是本单元的难点之一。在教学中，教师要根据这一知识的自身特点和学生已有的知识基础、生活经验，充分引导学生联系具体情境理解连加连减的含义，理解运算顺序，掌握计算方法。要引导学生通过具体情境多观察、多讨论、多表述，在多样的活动中深入领会并掌握知识。

（三）教学目标

（1）引导学生从实际情景中抽象出连加、连减计算数学问题的过程，直观理解连加、连减的计算含义。

（2）掌握连加、连减计算的方法，能正确地计算10以内的连加、连减。

（四）教学重点难点

理解连加、连减的意义，掌握连加、连减的计算方法。

（五）设计思路

复习→创设情境导入新课→合作探索新知→巩固练习、学以致用→课堂总结。

二、教学过程

（一）片段1：复习

同学们，老师遇到了两个难题，你们能帮老师解决吗？

（1）出示小老虎跳舞的图片，让学生说出图意并列式计算。

（2）出示小猫跳舞的图片，让学生说出图意并列式计算。

（反思：复习旧知，为下面学生看图说出图意并列式计算埋下伏笔，还激起了学生学习的兴趣，进而主动参与到学习中，培养学生的思考能力及表达能力）

（二）片段2：创设情境导入新课

同学们，乐乐是一个爱劳动的孩子。今天，他又在帮妈妈干活了。瞧！乐乐在干什么？（出示教材65页情境图）

（反思：创设情境导入新课，激发学生学习新知识的欲望。在教学中，根据一年级学生的年龄特点，创设学生感兴趣的情境。让学生用自己的语言去理解、描述图中的故事。在描述时，培养学生仔细观察的习惯和描述事情的能力，并愉快地融入新知识到学习中）

（三）片段3：探究新知

1. 学习连加

（1）出示小鸡图。（前半部分）

请同学们说说图意。（乐乐在喂5只小鸡，接着出示跑来2只小鸡，求一共有几只小鸡？）

提问：求一共有几只小鸡？怎样列算式？

板书：5+2

（2）继续出示小鸡图。（最后出示跑来1只小鸡）

提问：又跑来1只小鸡，现在一共有几只小鸡？怎样列算式？

板书：5+2+1

（3）提问：这个算式和我们以前学的有什么不同？

像这样有2个加号，连续相加的算式叫作"连加"。

板书课题：连加

（4）师：算式读作5加2再加1。

（5）学习连加的计算方法。

问：5+2+1=　你是怎样计算的？请再看一遍小鸡图的演示过程。

板书：5+2+1 = 8

（6）小组讨论：说一说计算方法，先算什么，再算什么。（先算5加2得7，再算7加1得8）

（7）学生汇报。

（8）总结计算的顺序。

从左到右。

2. 学习连减

出示教材65页挂图，让学生观察。

问：有几只小鸡？

（1）先移动2只小鸡，表示走了。

问：走了几只？还剩下几只？用什么方法计算？怎样列式？

学生回答，教师板书：8-2。

（2）再移动2只，表示又走了2只小鸡。

问：又走了几只？还剩下几只？

（3）问：谁能说一说这剩下的4只小鸡是怎样算来的？

随着学生回答，老师在8-2的后面接着写"-2"。

（4）提问：这个算式和我们以前学的有什么不同？

像这样有2个减号，连续相减的算式叫作"连减"。

板书课题：连减

（5）师：算式读作8减2再减2。

（6）师：连减的算式怎样计算呢？谁来说说这道连减算式先算什么，再算什么？

板书：8-2-2=4

（7）小结。

（反思：根据学生的年龄特点，创设乐乐帮妈妈喂小鸡的富有浓厚生活气息的情境，既生动地反映出连加、连减的含义和计算方法，又让学生直观理解连加、连减的含义，更让学生感受到连加、连减与实际生活的紧密联系。其间，采用由扶到放、小组合作讨论的教学方式，有效地培养了学生观察、提出问题、解决问题的能力。联系生活中用连加、连减解决的问题，让学生体会到数学来源于生活，且应用于生活）

（四）片段4：巩固练习、学以致用

1. 看图写算式。

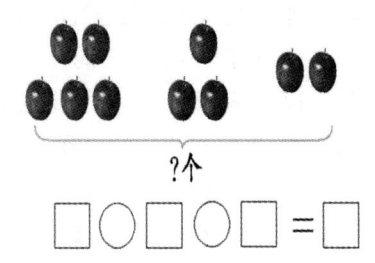

2. 看图写算式。

图1

三、课堂总结

你学会了哪些知识？（学生自主归纳，相互补充）

四、课后作业

1. 练习十四第2题。
2. 练习十四第4题。

五、教学体验

（1）连加连减是人教版小学数学义务教育教科书一年级上册第五单元《6~10的认识和加减法》的内容。本节课我创设了乐乐在院子里喂小鸡的情境，学生们比较感兴趣，能很快地投入到学习的状态。为了让学生通过体验事情的发生过程来明白算式的含义，我把书上的2道例题变成一个运动的过程，通过来了2只小鸡，又来了1只小鸡，让学生感受"来了、又来了"；通过小鸡吃饱了，走了2只，又走了2只，让学生感受到"走了、又走了"的生活经验。通过课件动态地呈现喂小鸡，吸引学生的注意力，使事情发生的先后次序一目了然。引导学生用自己的语言来表达画面的意思，在看懂图意的基础上，列出算式。这符合学生的心理特点，激发了学生的学习兴趣，使得在新授环节，学生能一目了然，列出连加、连减的算式。它们的运算顺序也水到渠成，知道先算什么，再算什么。连加、连减的算式都要按照从左到右的顺序计算。

（2）在课堂上我特别注意学生的主体地位。在例题图出示以后，我让学生充分观察情境图，明确图意，并引导学生用自己的语言来表达画面的意思，培养学生的语言表达能力。提出问题后，让学生尝试自己列式。但是因为时间限制，不能关注到每一个学生，这是始终困扰我的问题。还有，激励学生的手段不够多。在以后的教学中我会多注意这些问题。

总之，本节课真正把"三教"教学理念融入自己的课堂教学中，以教师为主导、学生为主体，教学效果较好，课堂气氛活跃，营造一种教师教得轻松、学生学得愉快的教学氛围，不足之处是由于低年级学生的语言表达能力较差，缺乏系统性，这有待于在今后的教学中继续培养，尽力完善。

《三角形的特性》教学课例

罗礼艳

（贵州省兴义市敬南镇布雄小学 562402）

一、教学设计

（一）教材分析

《三角形的特性》是人教版义务教育课程标准实验教科书四年级数学下册第五单元第 80-81 页的内容。学生通过第一学段以及四年级上册对空间与图形的学习，对三角形已经有了直观的认识，能够从平面图形中分辨出三角形。本节内容的设计是在上述基础上进行的，教材的编写注意从学生已有的经验出发，创设丰富多彩的与现实生活联系紧密的情境和动手实验活动，以帮助学生理解三角形概念，构建数学知识。

（二）学情分析

（1）学生原有知识水平分析。四年级学生已经学习了长方形、正方形的相关知识，了解了长方形、正方形的特性，建立了基本的几何形体概念，具备学习本节课的知识基础。

（2）学生认知水平分析。小学四年级的学生具有初步的几何形体观念和逻辑思维能力，能够探索和解决简单的实际问题，具备了学习本节课的认知能力。

（3）学习需要分析。小学四年级的学生具有较强的好奇心，学习了长方形、正方形等四边形的相关特性后，他们又迫切想知道生活中常见的三角形有哪些特性，本课时的展开将极大地满足他们的好奇心。

（三）知识点

三角形的稳定性。

（四）教学目标

（1）通过动手操作和观察比较，使学生认识三角形，知道三角形的特征及三角形高和底的含义，会画三角形的高。

（2）通过实践活动，使学生知道三角形的稳定性及其在生活中的应用；培养学生观察、操作的能力和应用数学知识解决实际问题的能力，体会数学与生活的联系，培养学生学习数学的兴趣。

（五）教学重点难点

重点：理解三角形的概念，掌握三角形的特性。
难点：会画三角形的高，理解三角形的稳定性。

（六）设计思路

（1）猜猜谜语，引出课题。
（2）动手操作，深化定义。
（3）帮扶结合，突破画高。
（4）操作体验，感悟稳定。
（5）总结提升，积累经验。

二、教学过程

（一）片段1：猜猜谜语，引出课题

师：三个头，尖尖角，我们学习少不了。打一几何图形。
生：三角形。
师：日常生活中你在哪些地方见过三角形？
生1：大桥上。
生2：自行车上。
生3：电线杆上。
生4：篮球架上。
生5：红领巾。
……

师：同学们真棒！很善于发现生活中存在的三角形，那么就让我们一起走进三角形的世界，去探索三角形的奥秘吧！（板书课题：三角形的特性）

（反思：通过谜语的引入，充分调动学生的学习积极性，让学生说说生活中在哪些地方见过三角形，培养学生的表达能力，使学生体会到数学知识来源于生活，存在于我们身边，这样就为进一步研究三角形的特征，了解三角形的作用做好准备）

（二）片段2：动手操作，深化定义

师：同学们，你们会画三角形吗？

生：会。

师：请同学们在练习本上画自己喜欢的三角形，老师也在黑板上画三角形哦！

师：我们画的三角形有什么共同的特征？

生1：有3个角。

生2：有3条边。

生3：有3个顶点。

师：谁能上来指着说一说，并在三角形中标出各部分名称来。

（学生上台完成，师给予指导）

师：（出示3根小棒）同学们，现在老师手中有3根小棒，每根小棒相当于一条线段，想请一名同学上台动手摆一个三角形。（学生上台摆三角形）

师：同学们，根据刚才摆的三角形，谁能说说3根小棒怎么连才能成为一个三角形？

生：3根小棒都连在一起。

师：是如何连的。

生：每相邻两根小棒的两端相连。

师：说得非常好，下面谁能完整地概括什么样的图形是三角形？

生：由三条线段围成的封闭图形叫三角形。

师：什么叫作围成呢？

生：就是每相邻两条线段的端点相连。

师：很好，请同学们观察下面的图中哪些是三角形，并说说理由。

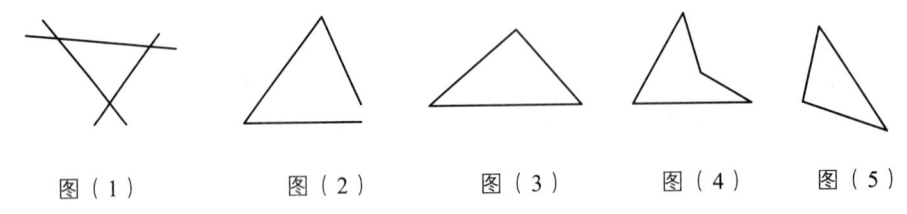

图（1）　　　图（2）　　　图（3）　　　图（4）　　　图（5）

（学生讨论完成）

（反思：通过让学生动手画三角形，进行对比，发现三角形的共同特征，较为直观。学生台上用小棒摆三角形，培养了学生的动手操作能力。在判断哪些是三角形时，学生在不知不觉中理解了三角形的含义，从直观到抽象，经历了数学概念的形成过程，提高了学生的概括能力）

（三）片段3：帮扶结合，突破画高

师：(出示两个三角形)观察一下，这两个三角形有什么不一样？（先把两个三角形重叠在一起，然后又分开）

生：这两个三角形的高不一样，一个高，一个矮。

师：你们说两个三角形高不一样，你认为三角形的高在哪里，到上面来比画一下好吗？

（指名学生上台比画）

师：谁来说说什么是三角形的高？

生：从顶点向它的对边画一条垂线（学生的表述够完整严密）

师：书本是怎样定义三角形高的？（学生自学书中定义）

师：根据定义，三角形的高应该怎么画？（学生小组讨论，指名回答）

生：从顶点出发，向对边作垂线。

教师在黑板上演示画高，强调画三角形的高的步骤：

第一步：用三角板的一条直角边与三角形的底边完全重合。

第二步：移动三角板，使三角板的另一条直角边通过顶点。

第三步：从顶点出发，向底边做垂线，用虚线来表示，并标上直角符号。

学生边说步骤，边书写。

师：会画三角形的高了吗？请你画出三个三角形底边上的高。

指名板演，画出指定底边上的高，教师巡视指导。

（全班交流订正）

（反思：由每个学生画出一种三角形指定底边上的高，到全班交流，每个学生都能掌握三种三角形指定底边上高的画法，突破教学的重点和难点）

师：（画出三角形）在这个三角形里，能画出几条高？

生：3条。

师：为什么？

生：它有三个顶点。（学生画出另外两条，指名板演）

师：你发现了什么？（三条高相交于一点，交点在三角形内）

师：（指着直角三角形）如果以这一条直角边为底，它的高在哪里？

生比画，教师引导学生得出：直角三角形中，以一条直角边为底，另一条直角边就是它的高。三条高相交于直角顶点。

师：同样，钝角三角形也有三条高（师演示画法）。它们（延长）也相交于一点（交点在三角形外）。

（反思：让学生动手指一指三角形的高，通过动手操作活动，初步感知三角形的高就是顶点到对边的距离，接着让学生自己画高并标出相应的底，有针对性的指导使学生加深了对三角形高和底的认识并掌握了高的规范画法，同时也使学生了解了任何一条边都可以作三角形的底来画高，最后思考得出三角形有几组底和高。在这一系列的活动中，学生认识并理解了三角形的高，从而有效地突破了教学难点，很好地实现了教学目标，同时也增加数学学习的趣味性）

（四）片段4：操作体验，感悟稳定

师：观察书中的插图，说说看到什么图形最多？

生：三角形。

师：生活中为什么会有如此多的三角形？

（学生讨论后回答）

师：（出示木条钉的四边形）同学们，谁来动手拉一拉，有什么发现？

生：一拉就变形了，不稳定。

师：现在去掉一条边，再拉一拉，又有什么发现？

生：拉不动，不像四边形那样容易变形。

师：这就是三角形具有的稳定性。

师：三角形为什么有稳定性，而四边形不稳定呢？

师演示：四根小棒能摆出无数种不同形状的四边形，而三根小棒只能摆出一种形状的三角形，这就是三角形为什么具有稳定性的秘密。

师：我们坐的椅子坏了，有点摇晃，谁能用今天学的知识，想办法把它修好？

生：把坏的地方加固成三角形。

（反思：让学生观图，感悟生活中为何有那么多的地方有三角形，体会三角形的用处广泛，再通过学生动手拉一拉四边形与三角形，形成对比，体验三角形具有的稳定性，从而让学生明白三角形在生活中广泛应用的原因）

（五）片段5：总结提升，积累经验

师：同学们，现在我们回头想一想，通过这节课的学习活动，都有哪些收获？

生：（说三角形的特征、定义、画高、稳定性）

师：结果固然重要，过程更为重要。回忆我们概括三角形概念、画三角形高和研究三角形稳定性的过程，你一定获得许多数学活动的经验。课后把这些写成数学日记和同学们交流与分享。

（反思：学生的数学学习过程是一个自主建构、自己对数学知识进行理解与再创造的过程。在这个学习过程中，学生的数学思考与数学活动经验的积累对学生的可持续性发展起着十分重要的作用。因此，在学习之后，梳理总结，不仅利于学生把所学知识纳入原有知识体系，更有利于学生的进一步发展）

三、教学体验

（一）从生活中引入，感受数学之美

课始，用谜语引入三角形，再让学生联系生活实际思考，并说说生活中哪些地方有三角形。激发学生学习、探究三角形特性的兴趣，引起

学生对三角形及其在生活中的作用的思考，为了解三角形的作用做好准备，从而让学生感到生活中处处有数学，数学来源于生活。

（二）在活动中探索，感知探究特性

学习活动中，孩子更愿意自己去经历，去实践。孩子或许会相信你告诉他的，但他更愿意相信自己所看到的、经历的事，这是一种体验。三角形是一个抽象的概念，三角形的稳定性是在抽象的概念基础之上探究出来的，有必要让学生经历特性得出全过程。本节课设计了这样几个实践活动：拉四边形与三角形、画三角形及三角形的高，找三角形的特征。让学生在"画三角形"的操作活动中进一步感知三角形的属性，抽象出概念。这样有利于学生借助直接经验，把抽象的概念和具体的图形联系起来。

三角形是生活中常见的图形，在第一学段学生已初步认识过，此处重在引导学生发现三角形的特征，概括出三角形的定义。通过边画边想、组织交流、引导概括三角形的特征，有效地落实了本节课教学的重点。尤其是在画三角形的高中，让学生自己动手，亲身体验画三角形高的步骤，给学生留下了深刻的印象，本节课的教学难点就在学生的操作活动中迎刃而解了。在探究三角形的特性中，拉三角形、四边形，学生亲身体验到了三角形的稳定性，让学生通过直观的看理解了抽象的概念。由此可见，让学生在体验中学习数学是保证教学有效的一种很好的教学途径。

（三）联系生活实际，培养应用意识

引导学生应用学到的知识去解决实际问题是体验成功的最好选择。学生在动手中体验到三角形具有稳定性，让学生修理松动的椅子等，就是让学生用学到的数学知识解决实际问题，培养学生实践能力，从而体验到成功的喜悦。但学生在对高的概念表述上还不够准确，有待于加强学生对概念的记忆。

《找规律》教学课例

张成敏

（贵州黔西南州兴义市敬南镇山脚小学 562402）

一、教学设计

（一）教材分析

《找规律》是小学数学义务教育课程标准实验教材（人教版）一年级下册第七单元的内容，本节课让学生找的都是一些直观图形和事物的变化规律，还未抽象到数，所以应用多媒体来辅助教学，能让学生在直观、生动的学习环境中找出事物的变化规律。一年级学生活泼好动，注意力容易分散，所以要为学生提供富有儿童情趣且有挑战性的数学活动，选择贴近学生生活、符合学生年龄特点的活动和内容。让学生体会到数学知识可解决生活中的问题，体会到生活中处处有数学。

（二）设计理念

兴趣是最好的老师，《数学课程标准》指出，数学教学必须注意从学生的生活情境和感兴趣的事物出发，为他们提供参与的机会，使他们体会到数学就在身边，对数学产生亲切感。在教学中要努力挖掘学生身边的学习资源，为他们创建一个发现、探究的思维空间，使学生能更好地去发现，去创造。

（三）教学目标

（1）使学生通过观察、猜测、推理等活动发现图形简单的排列规律。
（2）培养学生初步的观察能力、推理能力和动手能力。
（3）培养学生发现和欣赏数学美的意识，体会数学的价值，增强学习数学的兴趣。

（四）教学重点难点

教学重点：使学生通过观察、指一指、说一说、圈一圈活动发现图形的排列规律。

教学难点：使学生通过观察、圈一圈活动发现图形的排列规律，能准确地猜测、推理出图形的排列规律。

（五）设计思路

找简单的规律——动手创造规律——画规律——找生活中的规律。

二、教学过程

（一）片段1：唱游律动，感知规律

（1）唱《小星星》并和老师一起做动作。

（2）（听音乐）同学们会唱这首歌吗？歌名是什么？大家一起唱，并跟着老师做动作，好吗？

师：我发现很多同学一下就学会了做动作，能告诉老师你们为什么学得这么快吗？你们发现了什么？

生：这些动作都是拍手，把手打开，是有规律的。

师：你发现了动作的规律，真聪明！

师补充：说简单点说是拍手，张开手指，两个动作为一组，不断地重复出现。

（3）师：同学们找到了做动作的规律，我们再边唱边做一遍，看看掌握了规律后是不是做得更整齐了。

（4）师：生活中还有很多像这样重复出现的事物，有规律地排列着，今天这节课我们就来学习找规律。板书课题——找规律（学生齐读）

（反思：以学生熟悉的音乐唱游来导入课题，使他们体会到数学就在身边，对数学产生兴趣。让学生获得愉悦的数学学习体验，为他们创建一个探究的思维空间，使学生能更好地去发现、去思考）

（二）片段2：探究讨论，寻找规律

（1）（出示"数学乐园"）师说："六一"儿童节快到了，你们瞧，这

群小朋友一起唱唱跳跳，开起了联欢会，他们还把教室布置得漂亮极了。这教室布置不仅漂亮，而且还藏有一些小秘密，找一找有什么秘密？

生：我发现小花是按一黄一红的规律排列的。

师：简单点说是一黄一红为一组不断地重复出现，这就是有规律的排列。表扬：他说得真好，小朋友，把掌声送给他。

生又分别说出灯笼、彩旗的排列规律。

生：还有小朋友发现是按一男一女每两人为一组的规律重复出现的。

生：老师，我不同意他的意见，我觉得是按一女一男的规律排的。

师：小朋友们仔细观察一下，看谁说的有道理？

（引导学生讨论，理解从不同的方向观察就有不同的规律）

（2）出示例1中的四组图。

师：大家已经发现了布置教室的彩旗、花、彩灯的规律，但这个教室还没布置完，如果继续布置的话，你会吗？请同学们一起来接着往下布置。

（a）彩旗的最后一面是什么颜色？你为什么这样选择？

（b）依次说出彩花、彩灯，小朋友各选哪个答案。

孩子们真聪明，你们不但找到了规律，还能应用规律解决问题。

（反思：主题图中的四组规律来源于生活，学生易于掌握。我在教学中给予学生充分的时间，放手让他们观察，自己去找出排列有规律的物体。学生有充分的时间去观察、去思考、去表达，并且敢于提出自己与别人不同的见解，从而使学生主动探究的意识和兴趣大大提高）

（3）教学例2。

师：老师这儿有两块积木，是同学们认识的立体图形。（出示正方体）这是什么颜色的正方体？（出示圆柱）这是什么颜色的圆柱体？我们来摆一摆，你能猜出老师接下来会摆什么吗？（逐步出示）

（a）你是怎么知道的？老师是按什么规律来摆的？它和我们前面做的题有什么相同地方？

小结：这组图在颜色、形状两个方面都出现了有规律的变化。

（b）出示图（逐步出示）。

师：你是怎么知道的？老师这次摆的图形与刚才摆的又有什么不同呢？

这组图从颜色、形状到图形的数量都出现了有规律的变化。

（反思：以猜测老师的摆法来设计教学活动，既给学生以神秘感，又

- 132 -

激发了他们的求知欲。通过渗透第二课时有变化的规律知识，使学生思维得到拓展和提升，同时促进学生主动建构有关的数学知识）

（三）片段3：合作交流，创造规律

摆规律：

同学们，你们想不想像老师这样也设计出一组有规律的图形呢？那么请听好要求。电脑出示：

小组合作，取出信封中的图片，设计出有规律的图形，要求先在桌上摆一摆，再贴在纸条上。

（1）师巡视，指定几组不同规律的图案展示在黑板上。

（2）请每一个小组长说一说是按什么规律变化的。

（3）你设计得真漂亮，你想不想让同学们猜猜你接下来会怎样摆呢？
（反思：让学生小组合作体验自己创造规律的乐趣）

（四）片段4：联系生活，欣赏规律

师：我们的生活中也有很多的规律，谁来说一说。

（反思：通过学生举例，让学生真正体验到数学就在身边，有规律的现象无论从视觉还是从听觉上都能给人以美的感受。这一设计体现了"学生活中的数学，学有用的数学"的教学理念）

三、学习体验

（一）从学生的生活经验和已有知识出发，创设生动有趣的情景

本节课我用唱游的游戏引入，让学生感知规律。又选取了源于生活的数学题材——同学们布置教室时，彩旗、彩灯、彩花有规律地排列着，这些都是学生生活中最常见的规律。从学生生活中已有的生活经验出发，引导学生愉快地学习数学知识，掌握数学知识和技能，引导学生用数学的眼光去观察、去思考、去体验、去表达，寻找生活中的规律，让学生深深地体验数学来源于生活、运用于生活，有助于学生认识到现实生活蕴含有大量的数学信息，生活处处有数学，体会数学在生活中的广泛应用，了解数学的价值，同时，培养学生用数学的眼光来生活，发现生活

中的数学知识，提高学生运用数学的意识，提高学生的数学素养。

（二）注重数学的互动性

课堂活动是具有鲜活生命力的活动，新课程标准下的课堂更是有效生成的课堂，是教师和学生之间、学生与学生之间互动的过程。要真正达成师生间的良好互动，教师上课就不仅仅是传播知识，而是一起分享快乐、理解，共同发展。课堂上，我采取的方式是：让学生跟我做动作、自己思考、体验、表达；小组合作创造规律，师生之间、生生之间相互交流、相互沟通、相互启发、相互补充。在这个过程中，教师与学生分享彼此的思考、经验和知识，交流彼此的情感、体验与观念，丰富教学内容，求得新的发现，从而达成共识，实现共享、共进、教学相长和共同发展。

（三）强调小组合作与交流

有效的学习活动不能单纯地依赖模仿与记忆，还需动手实践。自主探索、合作交流是学生学习数学的重要方式。在课堂教学中，我除了注重培养学生思维的独立性，还注意培养学生吸取别人意见、与人合作的习惯与意识，因此我给了学生足够的时间进行小组活动，让学生自由地发挥想象力，创造出更多美丽而有规律的图案，激发学生爱数学、发现美的情感，从而培养学生的合作意识，提高创新能力。

《平行四边形和梯形的认识》教学课例

王 英

（贵州黔西南州兴义市敬南镇山脚小学 562402）

一、教学设计

（一）教材分析

本课教材内容是在学生直观认识了平行四边形，初步掌握了长方形和正方形的特征，认识了垂直与平行的基础上进行教学的，学好这一部分内容，有利于提高学生动手能力，增强创新意识，而且进一步发展了学生对空间与图形的兴趣，对学生理解、掌握、描述现实空间，获得解决问题的方法有着重要价值。

（二）学情分析

学生在学习时通过实际操作、自主探索、合作探究的方法，经历知识的发生、发展和形成的过程，进而在交流中体验图形的特征，使他们的学习活动成为一个生动、活泼和富有个性的过程，让学生在尝试学习中进行当堂检测，感受学习的快乐。

（三）知识点

理解平行四边形和梯形的概念及特征。

（四）教学目标

（1）使学生理解平行四边形和梯形的概念及特征。
（2）使学生了解学过的所有四边形之间的关系，并会用集合图表示。
（3）通过操作活动，使学生经历认识平行四边形和梯形的全过程，掌握它们的特征。

（4）通过活动，让学生从中感受到学习的乐趣，体会到成功的喜悦，从而提高学习的兴趣。

（五）教学重点难点

教学重点：理解平行四边形和梯形的概念及特征。了解学过的所有四边形之间的关系，并会用集合图表示。

教学难点：理解平行四边形和梯形的概念及特征。用集合图表示学过的所有四边形之间的关系。

（六）设计思路

创设情境→合作交流，探究新知→发现规律→实践应用，巩固新知。在解决问题中真切感受到数学知识来源于生活，又服务于生活。

二、教学过程

（一）片段1：创设情境，揭示课题

师：老师给同学们带来了几个四边形，谁来说一说它们的名称？

生1：长方形。

生2：正方形。

生3：平行四边形。

生4：梯形。

师：同学们已经认识了许许多多的四边形，这些图形都是由四条线段围成什么样的图形？

师：同学们回想一下，长方形和正方形有什么特点。

师：长方形和正方形有什么关系？

师：下面这两个图形你认识吗？（将平行四边形和梯形贴在黑板上）。

师：这节课我们就一起走进数学王国，进一步探究平行四边形和梯形的有关知识。（板书课题）

（反思：利用学生已过的知识，激发学生探究的兴趣，引发学生的数学思考）

（二）片段2：合作交流，探究新知

师：其实生活中有很多的物体表面是平行四边形和梯形。让我们一起看一看，找一找。

师出示图片让学生找平行四边形和梯形。

伸缩门的金属支架、堤坝和沟渠的横截面是梯形。

师：这就说明了在生活中平行四边形和梯形的应用很广泛，既然它们的应用如此广泛，我们今天就来研究什么叫平行四边形，什么叫梯形。

师：利用前面学的平行和垂直的知识来说说，你们观察到了什么？

生：（说出对边平行）

师质疑，这个是我们观察出来的结果，是不是这样，我们每个同学作业纸上都有一个平行四边形和梯形，我们来验证一下，看它们的对边平行吗？拿出你的工具，开始吧。验证好后，请同学来指出来，说一说。

生：平行四边形的上边和下边平行，左边和右边平行。梯形的上边和下边平行。

师：另外一组边呢？不平行。

通过刚才的验证有了这样的发现，大家有吗？出示图片一起观察验证。

师：验证之后，可以证实我们刚才的发现是准确的，谁再来说说我们刚刚的发现？

生：平行四边形的两组对边平行。

师：我们看黑板，平行四边形中这是一组对边平行，这又是一组对边平行。这两组对边怎样平行？

生：两组对边分别平行。

师：他用了个词——分别。谁明白他的意思，谁能给大家解释一下分别吗？

生：上下两边平行、左右两边也平行。

师：是这个意思吗，大家能懂他说的意思吗？那好我们就说平行四边形是两组对边分别平行，我们把它写下来。刚才我们通过观察发现平行四边形的两组对边是分别平行的。那么我们再来观察一下，平行四边形是几边形啊，现在我们再观察一下，你能试着说一说什么叫作平行四边形吗？（指名同学读）现在什么叫平行四边形我们已经知道了。

那现在我们再来看梯形。

师：我们回忆一下刚才的发现，刚才我们通过验证发现梯形有什么特点？

生：一组边平行，另一组边不平行。（看黑板上的梯形）。

师：能找到平行的那组边吗？那另一组边呢？谁能试着说一说什么叫梯形？

生：只有一组对边平行的四边形叫梯形。

师质疑"只有"，只有是什么意思，谁来解释一下。

生：就是一组平行，一组不平行。

师：这个词用得好不好？我们把它写下来。（指名同学来读什么叫作梯形）现在看来平行四边形和梯形虽然有共同点，比如说他们两个都是四边形，而且他们都有对边平行。但是也有不同，谁来说说哪不同？

生：平行四边形的两组对边分别平行，梯形只有一组对边平行。

（反思：让学生在探究中亲历知识形成的过程，远比让学生直接但却被动地获取现成知识结论要更加具有深远的意义和影响，学生的观察、猜想、探索和创新等其他方面能力都能得到有效开发和提升）

（三）片段3：平行四边形和梯形在生活中的应用

师：其实生活中有许多物体的表面是平行四边形或梯形。（点击课件呈现：楼梯扶手、梯子、花篮图案和水渠等照片）

师：这是我们学校的一组照片，找一找，有平行四边形吗？梯形呢？说说看！（学生说明，课件随学生说明点击放大，并介绍如此美丽的校园，我们更应该珍惜时间，勇攀知识高峰）

（反思：注重学生已有的生活经验，将视野从课堂拓宽到生活的空间，并引导他们去观察生活，从现实世界中发现有关空间与图形的问题，从而使学生感受到数学源于生活，生活中处处有数学）

（四）片段4：探究平行四边形、梯形、长方形和正方形的关系

师：到目前为止，我们都研究过哪些四边形呢？

学生：平行四边形、梯形、长方形和正方形。（点击课件呈现）

师：（指长方形）我们用椭圆形的圈表示所有的长方形，它（指正方形）表示……

（生：所有的正方形）。它（指平行四边形）呢？

（生：所有的平行四边形）。它呢？

（生：所有的梯形）平行四边形、梯形、长方形和正方形都属于……

（生：四边形）。也就是说，四边形里包含着平行四边形、梯形、长方形和正方形。

（课件呈现：平行四边形、梯形、长方形和正方形进入四边形）

师：这样能不能表示这几种图形之间的关系呢？

生：不能！

师：为什么？

生说明。

（1）包含关系。教师引导学生说明长方形和正方形都是特殊的平行四边形，正方形是特殊的长方形。

（2）并列关系。

师：那梯形呢？请说明为什么。（学生说明，课件点击呈现韦恩图。）

师：梯形属于四边形，但不属于平行四边形。

（3）呈现关系图。

师：我们可以用这样的图来表示各种四边形之间的关系。

（反思：让学生在玩中学、乐中思，学生借助长方形、正方形、平行四边形和梯形，在充分探索和交流的基础上，感悟、体会到平行四边形和梯形的特征联系与区别）

（五）片段5：实践应用，巩固新知

（1）判断下列图形哪些是平行四边形？哪些是梯形？（出示课件）

（2）师：数数图中有几个平行四边形和梯形？

（反思：这一环节既巩固应用了所学新知，又开阔了学生的视野，培养学生的表达能力）

三、总结全课，扩展延伸

师：这节课，你学会了什么？说说你的收获吧！

师：你们的收获可真多呀！老师为你们感到高兴，你们是最棒的！今天我们又认识了四边形家族中的两个新成员：平行四边形和梯形。

四、板书设计

平行四边形和梯形的认识

平行四边形：两组对边分别平行的四边形

梯形：只有一组对边平行的四边形

五、教学体验

（一）关注知识形成的过程，关注学生的探究能力

用发展的眼光来设计学生的学习活动，让学生在探究中亲历知识形成的过程，远比让学生直接被动地获取现成知识结论更具有深远的意义和影响，学生的观察、猜想、探索和创新等其他各方面能力都能得到有效的开发和锻炼。对平行四边形的特征研究，我以让学生亲历知识的形成过程为出发点，先让学生看课本上的主题图，对平行四边形的特征有一个初步的感知，然后让学生有序探究，比一比、想一想，从而总结平行四边形的特征。学生在汇报和补充的过程中，逐步把知识点完善起来，得到了有效的学习。

本节课的教学重点是让学生理解和掌握平行四边形和梯形的特征，并且理解各个四边形之间的关系，同时难点也是理解各个四边形之间的关系。为了突破这一教学重难点，我在设计教学过程的时候，首先让学生理解四边形的概念，再用一个大的集合圈把认识的四边形都圈起来，让学生从整体上了解所有具有四条线段围成的封闭图形这个特点的四边形都属于四边形。其次我让学生以小组为单位合作交流分类的过程，通过分类，让学生掌握平行四边形和梯形的概念，并且在汇报的过程中理解长方形、正方形、平行四边形三者之间的关系。在学生深入理解这三种四边形之间的关系后，再尝试着用集合图来表示三者之间的关系。最后我让学生用一个比较大的集合图来表示各种四边形之间的关系。

（二）多媒体教学的有效应用，大大提高了课堂效率

本节课，我引用了多媒体课件进行教学，它使我缩短了教学时间，

大大提高了我的课堂效率。如：我在教学平行四边形与梯形的特征时，应用了多媒体课件。多媒体课件不仅让学生直观地看到了验证的过程，而且又一次在学生的头脑中加深了印象，有效地突破了本节课的教学重点。

（三）数学来源于生活、应用于生活

在数学教学中重视学生的生活体验，把数学教学与学生的生活体验相联系，把数学问题与生活情境相结合，让数学生活化，生活数学化。课始，我选取了与学生生活最贴近的材料——校园，让学生在校园里找熟悉的四边形，让学生体会到数学的资源来源于生活。上完这节课，我反复思量，其实课堂中还存在着很多不足，例如在让学生讨论四边形分类的过程中，由于提出的问题不够明确，导致部分同学还是没有参与进来，没有达到预期效果。这一部分学生还不能用数学语言把平行四边形和梯形的特征很好地描述出来。在今后的数学教学中，我会更加努力，踏实教学，向同事们学习，多吸取他们的教学艺术，积累自己的教学经验，提高教学水平，让自己的数学课堂越来越吸引学生。

《烙饼问题》教学课例

朱 莉

（贵州黔西南州兴义市敬南镇新坪小学 562400）

一、教学设计

（一）教材分析

《烙饼问题》是四年级人教版上册数学广角中"优化问题"的第一课时的内容，主要通过讨论烙饼时如何合理安排操作最节省时间，让学生体会优化思想在解决问题中的应用。里面蕴涵的数学问题和数学思想比较深刻，教材的编排目的是通过日常生活中烙饼的简单事例，让学生尝试从解决问题的多种方案中寻找最优方案，从而向学生渗透优化的思想，让学生体会统筹思想在日常生活中的作用，使学生感受到数学的魅力。烙饼问题的本质属性（或者说其关键特征）应该是"可以在相同的时间内做最多的事情"。变易理论认为学习意味着对学习内容的理解，妨碍学习的原因，可能是学生没有辨别所学事物的关键特征，或缺乏帮助他们辨识的经验，或原有经验成为其重新辨识的障碍。烙饼问题的学习，学生对本质属性的理解有难度，学生原有的烙饼经验会成为 3 张饼交替进行翻煎的思维障碍。

（二）学情分析

在实际生活中，学生在烙饼时不会在烙完一半时将饼从锅里拿出来，都是一张一张烙熟后再烙其他的。学生受偶数张饼烙法的思维定式影响，对 3 张饼的最佳烙法探究陷入了思维的困境。也就是说生活数学与课堂数学矛盾冲突比较大，学生如果结合了生活经验来解决数学问题，就会干扰从数学思维的角度去考虑优化。

学生在学习《烙饼问题》前，已经有了一些综合实践活动经历，积累了一定的探究规律的活动经验。学习这个内容，不仅要让学生经历优化的思想，还要探究优化的规律，并且获得优化的活动体验，总结出一种一般性的优化规律，为学生以后的发展做铺垫。

（三）知识点

3张饼怎样烙最省时？多张饼的烙法有何规律？

（四）教学目标

（1）通过简单事例，使学生初步体会优化思想在解决问题中的应用，形成寻找解决问题最优化方案的意识，并尝试寻找解决问题的最优化方案。

（2）通过观察、操作、比较、讨论、思考等活动，寻找规律，培养学生解决实际问题的能力和科学探究的精神。

（3）通过探究活动，让学生体验探索和合作的乐趣，充分感受数学与生活的密切联系，培养学生合理安排时间的良好习惯。

（五）教学重难点

教学重点：寻找解决问题的策略和体会优化的思想。
教学难点：寻找规律并描述规律。
核心问题：寻找解决问题的最优化方案。

（六）设计思路

《烙饼问题》是人教版四年级上册的学习内容。在教学设计和教学过程中，我以"烙饼"为主题，以数学思想方法的学习为主线，围绕怎样烙饼才能尽快吃上饼展开教学，设计了烙1张、2张、3张——单张、双张饼的探究过程。以烙3张饼作为教学突破点，帮助学生形成从多种方案中寻找最佳方案的意识，为学生提供独立思考、动手操作、合作探究、展示交流的时间和空间。在学习中，学生通过观察、思考、讨论、动手操作等一系列环节，循序渐进地达到预定目标，从而明白合理利用时间、节约时间的重要性，并在今后的日常生活中实践应用。

二、教学过程

（一）片段 1：创设情境，激发学习兴趣

1. 谈话

师：喜羊羊的动画片同学们都看过，灰太狼有个儿子叫小灰灰，今天小灰灰想吃烙饼，红太狼不会烙，于是把美羊羊抓来给小灰灰做饼吃。同学们，今天就跟美羊羊一起讨论烙饼的问题吧！

板书：烙饼问题。

师：美羊羊要把一个烧饼烙熟，需要烙几个面呢？

生：两个面。

师：如果烙一面要 3 分钟，烙熟一个饼是要多少分钟？说说理由。

生：烙一面 3 分钟，一张饼要烙 2 面，所以 $3 \times 2 = 6$ 分钟。

师：给大家表演一下。

生：先烙正面。

师：滋，3 分钟到，熟了！接着再烙——

生：反面。

师：滋，也熟了！一共用了 6 分钟。（完成板书）

如果要烙 2 个饼要等多少分钟？

生：一张饼是 6 分钟，两个饼就用 $6 \times 2 = 12$ 分钟。

那要 3 个饼、4 个饼、5 个饼……各要等多少分钟呢？

$6 \times 3 = 18$ 分钟　　$6 \times 4 = 24$ 分钟　　$6 \times 5 = 30$ 分钟

规律：用饼的个数乘 6 就得到所需的时间。

2. 提出问题，研究问题

每烙一个饼就要 6 分钟，如果灰太狼一家想吃很多饼，等的时间不能太长，你们有没有比较省时的烙饼方法。学生分小组研究，有新的方法的在全班交流。

交流结果可能是：换大一点的锅，一次可以多烙几个。

那刚才我们计算的有几个饼就要几个 6 分钟用的是什么锅？（一次只可以烙一个饼的锅）

一次只可以烙一个饼的锅，有没有省时间的方法？生讨论没有。

那一次可以烙两个饼的锅，有没有省时间的方法？

学生可能还会提出问题，烙几个饼？

（反思：我从同学们喜欢看的动画片事例出发，创设生活化的教学情境，调动学生已有的生活经验，激发学生的学习兴趣，为新知教学渗透优化思想做好铺垫，培养学生的思考能力及表达能力）

老师：我们先从烙一张饼来研究。

烙一张饼，正面要3分钟，烙反面要3分钟，一共6分钟。还有更省时间的方法吗？

生讨论：正反两面不可以同时烙，必须要6分钟。

烙两个：有两种方法，一种12分钟，一种6分钟。

两个正面要3分钟，两个反面要3分钟，一共要6分钟。这种最省时。

师：还能再省时吗？

生：不能了，每次锅里只能有两张饼，没法再加了。

比较优化两种方案。

设疑：你认为哪种方案好？为什么？

（反思：让学生从两种方案中比较得出第二种方案好，原因是节省时间，只需要6分钟就可烙好两张饼，从而让学生初步体会到优化思想在解决问题中的应用）

用表格记录烙饼方法。

设疑：一张饼和两张饼的张数不同，但所用的时间是一样的，为什么？

学生发言，最后总结：由于锅里一次最多可以烙两个饼，所以烙两个和一个所用的时间是一样的。结论：保证每次锅里都有两个饼是最省时的。（一次烙烙两个面→相当于一个饼）并板书：2张（同时烙）6分钟。

（反思：根据学生的认知水平，我先让学生体验2张饼的最优烙法，以简单的知识作铺垫降低思维难度，同时在解决2张饼的问题上让学生初步体会到优化思想在解决问题中的应用，形成寻找解决问题最优方案的意识，为研究3张饼的最优方案做好铺垫）

（二）片段2：小组合作，动手实践，探索规律

实践活动1：探究烙3个饼。

（1）小组合作，摆一摆。

同学们，如果你是美羊羊，你想怎样烙？

先独立思考，然后 6 人小组讨论交流，说说你是怎样安排的，你的方案一共需要多长时间可以烙完。可以拿出烙饼卡，把书本当平底锅烙一烙。开始。（师巡视）

（2）说一说。指名汇报本组是怎样安排的。为了让大家看得清楚，教师把每次烙每张饼的正反面的情景都展现出来。

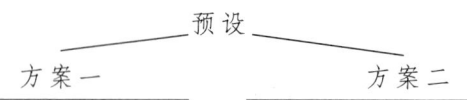

——预设——

方案一

1. 一张一张烙。（板书用时）
2. 先烙两张，再烙一张。
3. 用三张饼的最优方法烙。
（交替烙）

谁还能再说一次这种烙法？（课件演示）

你们有好几种烙饼的方法，真是爱思考的孩子，这说明解决问题的方式可以是多种多样的。（板书：方法多样）但是我想采访一下大家：对这三种方法，你有什么看法？

师小结：看来，充分利用锅的空间，不留空位，就能节省时间。

其他同学也能像这样用 9 分钟烙好 3 张饼吗？

同桌两人合作，用这种方法再试一试。师巡视，相机指导。

方案二

1. 一张一张烙。（板书用时）
2. 先烙两张，再烙一张。
（最优方法没有出现）

你们想出了两种方法，真是爱思考的孩子，这说明解决问题的方式可以是多种多样的。（板书：方法多样）我想采访一下大家：对这两种方法，你有什么看法？为什么第二种比第一种省时间？

生：第一次放两张饼，更好地利用了锅的空位。

师：那烙第三张饼的时候呢？引导发现有一个空位没利用起来，这里可能浪费了时间。

师：想一想，会不会还有更好的方法呢？

启发学生发现：让锅里每次都烙 2 张饼。

同桌合作探究最优烙法，汇报（交替烙）。

谁还能再说一次这种烙法？（课件演示）

理解并掌握烙 3 张饼的最优方法

小结：同学们通过思考、操作，不但想出了多种解决问题的方法，还会通过比较，找出最优的方法，真是爱动脑、会动手的好孩子！你们让我想起了一句话：条条大路通罗马。我想给它接下半句——可能有条路最近。最节省空间、时间的路，就是最近、最优的路。（板书：寻求最优）

（反思："如何尽快烙好3张饼"是本课的关键也是难点，在探究3张饼的最优烙法时，我让学生借助学具、动手操作、直观演示，结合课件演示两种烙法的对比，让学生发现：充分利用锅内的空间，使得每次锅里同时烙两张饼，这样最节省时间。学生在直观中思考、在操作中发现，体验最优方案的形成过程。安排学生"想、摆、说、比、议"等过程，突出学生自主学习的作用；通过交流培养学生语言表达能力和思维的灵活性）

（三）片段3：总结方法，探究规律

1. 思考4张饼的最优烙法

（1）设问：想一想：如果要烙4张饼，怎样烙才能最节省时间？

小组合作，讨论一下怎样安排，可以用圆片摆一摆，把相关的内容填入表格中。

学生交流后得出：每次在锅里烙2张饼，这样最节省时间。

请同学上台，展示烙4张饼的过程。（板书用时）

（2）追问：2张2张地烙有什么好处呢？

（3）小结：烙4张饼的时候，可以分成两组，2张2张地烙，烙2张饼要几分钟？两个2张一共几分钟？

根据学生的汇报填表

2（6分钟）
2（6分钟）
4（12分钟）

2. 小组讨论5张饼的最优烙法

（1）四人小组讨论：如果要烙5张饼呢？怎样烙最节省时间？

生1：先烙2张，再烙2张，最后烙1张。

生2：先烙2张，后3张按3张的最佳方法烙。

（2）引导学生算出两种方法的时间，来比较这两种方法哪种最节省时间。

根据学生回答板书比较。

（3）追问："18分钟"的这种方法在哪里浪费时间？

学生思考后回答。

师小结：只要把后面的2张饼和1张饼合成一组按照3张饼的最佳方法来烙，最节省时间。

3．分析6张、7张饼的烙法

（1）设问：如果烙饼的张数是6张、7张饼时，怎样烙最节省时间？请按照烙4张饼、5张饼的方法，在练习纸上写一写、算一算。

（2）根据学生反馈板书。

在师生互动交流中引导得出：

① 比较烙6张饼的两种方法：

方法一：分两组，每组按3张饼的最佳方法烙，共要烙18分钟。

方法二：分三组，每组按2张饼的最佳方法烙，共要烙18分钟。

师指出：两种方法的时间一样，但是在实际操作中，用3张饼的方法来烙时，需要不停地翻转烙饼，增加难度。所以我们一般选择一种容易操作的方法，把6张饼分成2、2、2。

② 比较7张饼的方法：把7张饼分成2、2、3，最后的3张饼用我们之前学的3张饼最优方案来烙。

4．总结规律

设问：仔细观察，当烙饼的个数是双数时，应该怎样烙最节省时间？当烙饼的个数是单数时，应怎样烙最节省时间？

小组交流汇报，师生小结：当烙饼的个数是双数时，就2张2张地烙；当烙饼的个数是单数时，可以先2张2张地烙，最后3张按最佳方法烙，这样最节省时间。

（反思：本环节中，我创设开放的学习情境，从探究烙2张饼和3张饼的最省时的方法入手，让学生独立思考、小组合作探究烙多张饼的最佳方法和所用的最短时间。学生由操作到摆脱学具；由动作促进思维到抽象思维，层层深入，探究出烙饼张数与所用最短时间之间的关系，领

悟到"运筹思想"的真谛）

5. 巩固应用，深化理解

（1）如果有8张饼，怎样烙最节省时间？需要几分钟？

（2）如果有9张饼，怎样烙最省时间？需要几分钟？

（3）如果有15张饼，怎样烙最节省时间？需要几分钟？

（反思：由于学生已经有了前面的规律，建立了数学模型，能很快地正确地说出烙法，并计算时间。这样既能使所学知识得到巩固和应用，又可以发展学生的思维，开发学生的潜能，培养学生的实践能力）

（四）片段4：总结延伸，拓展思维

设疑：假如狼妈妈的这个锅再大一点，每次最多能烙3张饼，情况还跟两张饼的一样吗？

附：用一个平底锅烙饼，每次可以烙3张饼，每面要烙3分钟。如果有4张饼，两面都要烙，至少需要多分钟？

这个问题就留给学生课后去思考，到生活中去体验。在我们日常生活中同学们要合理安排时间，提高学习效率，做一个珍惜时间的人。

（反思："烙饼问题"是一种数学思考的方法，目的是让学生在解决实际问题中理解优化的思想，形成从多种方案中寻找最优方案的意识。此题作为知识学习后的一种延伸，目的是拓展学生的思维，提高学生利用所学知识灵活解决问题的能力）

教学板书：

烙饼问题

方案一：一张一张地烙	方案二：一张一张地烙、两张同时烙	方案一：三张交替烙	饼数（张）	次数	时间（分）
			1	2	6
			2	2	6
			3	3	9
			4	4	12
			5	5	15

三、学习体验

学生1：这节课感觉我在玩，但我又学到了知识。我跟几个小伙伴一

起做烙饼的游戏,在做游戏的同时我们一起讨论:锅里只能放两张饼,要怎么样才不让锅留空;要烙 3 张饼时,一开始我们讨论的是先两张一起烙,再烙一张,可是我发现烙最后这张饼时锅里空了一个位置,于是我们不停地换方法,终于找到了最佳方法——原来 3 张饼我们只需烙 3 次就可以了。我们又接着烙 4 张、5 张、6 张、7 张饼,发现烙饼的次数跟饼的个数是一样的,数学知识原来就是这么简单。

学生 2:这节课我学到了怎样做更节约时间,在课中,我跟同学们争得面红耳赤,最后我还是输给了其他同学。烙 3 张饼时我用的是 12 分钟,其他同学用的是 9 分钟,我想不通。于是老师让同学演示给我看,其他同学记录时间,我一边看一边思考他们与我有哪里不同,看完以后我发现他们每次锅里都没空着,而我空了一次,所以就浪费了一次的时间。后面的 5 张、6 张,7 张饼我就试着做,只要保证锅里都烙 2 张饼就是最节约时间。

……

四、同伴互动

同伴 1:注重学生的动手操作能力。在讲授烙饼问题时,老师让学生拿出事先准备好的圆形纸片模拟烙饼过程,学生在亲自动手操作中体会数学的实用性和生活型,而且能帮助他们更好地选择最优方案。

同伴 2:整节课都是以学生为主体,让学生自己通过动手操作、讨论等方法得出要解决问题的结果,培养了学生自主学习的能力,让学生在体验中思考、在体验中表达,让学生知道知识的形成过程,这也是我们以后在教学中将要改变的方法。

五、教学体验

数学广角中的"烙饼问题"主要是使学生通过简单的实例,初步体会运筹思想在解决实际问题中的应用,认识到解决问题策略的多样性,形成寻找解决问题最优方案的意识,培养学生解决问题的能力。"烙饼"是一节渗透统筹优化思想的数学课,在教学设计和教学过程中,我以"烙饼"为主题,以数学思想方法的学习为主线,围绕"怎样烙饼,才能尽快吃上饼?"展开教学,设计了烙 1 张、2 张、3 张——单张、双张饼的探究过程。以烙 3 张饼作为教学突破点，形成从多种方案中寻找最佳方案的意识，为学生提供独立思考、动手操作、合作探究、展示交流的时间和空间。学生利用手中小圆片代替饼，经历了提出数学问题——解决数学问题——发现数学规律——建构数学模型的过程。

小学生关于"烙饼"并无过多的生活经验，大多数都局限于"一张一张地烙"。因此，在教学中我借助所给的条件"一口平底锅内可以放两张饼"，让学生动手做游戏，在玩中进行比较，明白"同时烙两张"会"节省时间"，从而渗透"优化的思想"。同时也为后面探究"烙三张饼""烙四张饼"……的"最优方案"打好基础，使学生"保证每次都能烙两张饼"。

当突破"饼的张数×烙一张饼的时间=烙饼所需最少的时间"这个难点时，我把重点都放在"烙三张饼"的问题上。确实，在让学生认识到"同时烙两张饼可以节省时间"后，三张饼的问题是教学难点的"突破口"。在此，我给学生提供充分的时间和空间，鼓励学生借助手中学具试一试，探究"烙三张饼最少用多长时间"。之后组织学生交流汇报，使学生认识到"保证锅内每次都能烙两张饼"才是最优方案，所用时间"9 分钟"最少。弄清"两张饼""三张饼"的问题后，在后面的探究中，学生自然会认识到"张数为双时，两张两张地烙""张数为单时，先两张两张烙，剩下的三张同时烙"，那么烙再多张数的饼学生也不再会有问题。同时，根据烙 2、3、4……张饼所用的时间，学生很快会得出"饼的张数×烙一张饼的时间=烙饼所需最少的时间"的规律，所有的问题迎刃而解。

数学广角给学生提供了一个亲近生活的机会、一个体验生活的平台。但因为大多数学生缺少生活经验，所以学起来比较难。本节课教学设计的学习方式灵活、多样，学生参与的积极性、主动性强，效果好。在活动中老师能为学生提供独立思考、动手操作、合作探究、展示交流的时间和空间，让学生经历提出数学问题——解决数学问题的过程。

数学教学不仅要传授知识的结果，更重要的是探究知识的形成过程，学习体验的积累。数学课堂不仅仅是承载数学知识的地方，更是学生全面发展的场所。老师们只有重视数学学习体验教学，从培养学生的角度去提出数学问题，才能给学生一个创新的课堂，一个发展学生个性特征和思辨能力的课堂。

《摆一摆、想一想》教学课例

何芝林

（贵州黔西南州兴义市敬南镇中心小学 562402）

一、教学设计

（一）教材分析

这是一节"综合与实践"的主题活动课，是在学生学习了 100 以内数的基础上进行的。通过让学生把一定数量的圆片分别摆在数位表的十位和个位上，得到不同的数的活动过程，巩固学生对 100 以内数的认识，体验位值制思想。同时，让学生有所发现，并利用发现的规律解决一些简单的问题。此外，在活动中还渗透了一些统计的内容。可以看出，这一活动综合性强，可以很好地培养学生的形象思维、抽象思维能力。

本节课的教学重点是加深学生对 100 以内数的认识，进一步巩固数位和位值的概念；教学难点是在活动中感受有序思考的价值，培养学生初步的归纳能力，获得数学活动经验。

（二）知识点

理解数位、100 以内数的组成。

（三）教学目标

（1）通过把一定数量的圆片分别摆在十位和个位上，得到不同的数的活动，巩固 100 以内的数的认识，培养学生的动手操作能力。

（2）让学生在操作实践中感悟和体验数学思想方法，认识事物的变化规律，通过观察、猜想等方法，培养学生良好的学习习惯和思维方式。

（3）培养学生的合作能力、探究精神；使学生在愉悦的操作中感受数学的奥秘，获得成功的体验。

（四）教学重点、难点

重点：通过摆一摆进一步理解数位、100以内数的组成。
难点：熟练地掌握所学的知识点。

（五）教学准备

两位数的数位表卡片，6个小圆片。

（六）设计思路

（1）由不同数位上的数的意义引入新课。
（2）教师引导学生用2张圆片摆出不同的数，激发学生兴趣。
（3）学生操作，用3张、4张、5张、6张圆片摆出相应的数，在愉快的操作活动中感受数学的奥秘，发现摆出的数的个数与圆片张数的关系；学会表达。
（4）总结，鼓励学生在生活中善察、善思、善言。

二、教学过程

（一）片段1：复习

教师：在数位表中，右边起第一位叫什么？（个位）第二位叫什么？（十位）第三位叫什么（百位）——教师出示"个位、十位"卡片，请一名同学贴在黑板上，然后全班齐读数位表知识点（从右边起，第一位是个位，第二位是十位，第三位是百位。读数和写数都从高位起）

教师对齐个位写个"1"。质疑：这个"1"在个位表示多少？（学生齐答：一个一）

紧接着提问：如果我把数字"1"写在十位上，它又表示多少呢？请×××来回答。（学生1：一个十）

教师强调：同一个数字放在不同的数位上，它表示的意义就不同，可以表示一个一，一个十，一个百……今天，我们就要用这个知识来玩一个数学游戏——摆一摆、想一想（师生一起板书课题并齐读课题）

（反思："温故而知新"。复习数位表知识点及同一数字在不同数位上

的不同意义，为新知识点的学习奠定基础）

(二) 片段2

（1）教师出示2张圆片，摆出：　　十位　个位
　　　　　　　　　　　　　　　　　　○　　○　　　　11

请学生读出此数，并说出两个"1"的意义；质疑：这两张小圆片还能怎么摆？用心想一想，谁先想出，举起小手，我请他来给大家摆一摆。

（2）学生2摆出并写出：　　十位　个位
　　　　　　　　　　　　　　　○○　　　　　　20

学生3摆出并写出：　　十位　个位
　　　　　　　　　　　　　○○　　　　2

教师：两张圆片摆出了几个不同的数呢？（3个）它们是——（2、11、20）质疑：为什么两上圆片放在不同的地方，表示的数不同？

（因为放在不同的数位上表示的意义就不同，个位上的两上小圆片表示2个一，十位上两个小圆片表示2个十。如果一个小圆片放在个位、一个放在十位就表示1个十和1个一，组成的数就是11。

（反思：兴趣是最好的老师。这一环节的实践活动，让孩子们体验成功，激发学生的求知欲；唤起学生求知的积极情感，让他们思维的火花不断碰撞。抓住孩子"爱表现"的心理，引出下一环节，让孩子们在玩中探究、在玩中学习、在玩中感悟。学生身上蕴藏着自主学习的潜力，教师要大胆放手，尊重他们探究的需要）

(三) 片段3

（1）出示三张小圆片，引导学生可以画"○"表示小圆片，在自己的课堂练习本上画出数位表，摆出3张小圆片能摆出的不同的数。并和同学交流：自己摆出的数各表示什么？

（a）学生动手操作，教师巡视。
（b）指名学生展示成果。

学生4：十位　个位
　　　　　○　　○○　　12

学生5：○○　　○　　21

学生6：○○○　　　　　　　30

学生7：　　　　　○○○　　　3

（2）小结、质疑：我们用3张圆片摆出了哪几个不同的数？（12、21、30、3四个不同的数）刚才我们用2张圆片摆出几个不同的数呢？（3个）那你们猜一猜4张小圆片可以摆出几个不同的数？会是哪些数呢？5张呢？6张呢？——到底猜对了没有？让我们动手摆摆看，验证一下。

（3）学生操作。（学生分组完成相应任务：一组摆4张圆片，二组摆5张圆片……）

（反思：想要通过此环节初步培养学生的"检验"意识。用实践来检验猜想是否正确。让学生体验知识的过程中，既感悟基础知识，又初步培养一些数学的意识，如猜想、验证等）

（4）小组汇报。（每组一名代表汇报本组摆出的数）

（5）小结：

教师提问：

① 两张小圆片可摆出几个数？（3个数）

② 三张小圆片可摆出几个数？（4个数）

③ 四张小圆片可摆出几个数？（5个数）

④ 五张小圆片可摆出不同几个数？（6个数）

质疑：圆片的张数和所摆出的数的个数有什么联系呢？

学生8（罗××）：摆出的数的个数比圆片张数多1（圆片的张数+1=摆出的数的个数）。

提问：用8张小圆片，可以摆出几个不同的数？（9个数）如果用9张小圆片可摆出几个不同的数？（10个）10张呢？甚至更多张——圆片张数加一就得到摆出的数的个数；而且摆出的每一个数各个数位的数字加起来刚好等于小圆片的个数，比如：11　1+1=2（2张圆片）；23　2+3=5（5张圆片）……

（反思：学生身上蕴藏着自主学习的潜力，教师要大胆放手，尊重他们探究的需要。但是，在此环节中，我给了学生足够的时间操作、体验，却没有给他们更多的时间去讨论、去交流，匆匆请几名学生简单发言就来个集体总结）

（四）片段 4：巩固练习

在课堂练习本上画"○"代替圆片，单独摆一摆：7 张、8 张、9 张，可摆出多少个不同的数？（三选一）

（五）片段五：总结归纳、拓展延伸

教师：这节课，你玩得开心吗？在玩的过程中你学到了什么知识，愿意跟大家分享吗？（愿意）

学生 1：我学会用一个或几个圆片摆出不同的数。

学生 2：我学会了摆数的时候要有顺序，才不会遗漏。

学生 3：在摆数的过程中我发现了一个规律。

教师：在以后的学习中，只要小朋友们认真观察，勤于动脑，善于思考，就会发现许多规律。但是，有时规律是不变的，有时规律却只适合某一阶段，到了另一阶段规律就会发生变化。你们今天回家的任务就是用 10 张、11 张、12 张小圆片来摆一摆，看看能摆出多少个不同的数来，把你的收获分享给父母或伙伴。

（反思：学无止境！"亲身下河知深浅，亲口尝梨知酸甜"，鼓励学生求真、探索。）

三、教学体验

（一）相信学生，"放手""还权"，"以人为本""以学生为本"

尊重学生，尊重学生发展、尊重学生求知。学生身上蕴藏着自主学习的潜力，教师要大胆放手，尊重他们探究的需要。但是，我并没有完全相信学生，总担心他们做不好、说不通顺，所以，"放手""还权"不够彻底。体现在没有组织学生进行小组讨论，就直接让个别学生在全班交流，然后顺着孩子的话语引导同学们一起总结。

（二）玩中求知，快乐学习

玩是孩子的天性。我用"玩"为"借口"，将孩子带入摆圆片学知识的数学活动中。抓住孩子喜欢动手操作的心理，又遵循孩子的认知规律，由浅入深地为孩子们设计了一系列的活动,让孩子们在"玩"的过程中、在动手操作的过程中,感悟100以内的数和相关的基础知识。在让学生体验知识的过程中,培养一些数学的意识,如猜想、验证等。学生在猜测用"4张圆片可以摆5个数"后,教师质疑:"到底对不对,我们可以怎么办?""那好,就动手摆摆看。"……设计的意图并不在于让学生掌握这个知识,而是有一种"验证"的体验,逐步培养学生检验的意识。这就需要教师大胆放手,尊重孩子探究的需要,引导他们在探究中学习、感悟。我正是想通过"摆""说""想"的活动,巩固学生对数位及位值的概念,从而培养学生的形象思维能力和抽象思维能力;并通过游戏增强数学知识的趣味性,激发学生学习数学的情趣,让学生在愉快情境中巩固所学的知识。可我却放得不够彻底,所以,学生的潜能未能尽展。

(三)操作实践,探究感悟、发现规律,体验成功

让学生在"自主探索"中发现一些规律,是想让学生有一种"验证"的体验,逐步培养学生检验的意识。最后的环节,我想要鼓励学生继续探究,感受数学知识的魅力,体验"学无止境",感受"用实践来求证、来检验真理"的含义;让学生根据自己的需要、认知结构、价值取向或自己已有的经历去理解、感受、建构知识,从而生成自己对知识的独特感受、领悟。

(四)习惯的养成

哲学家罗素曾经说过:"人生幸福在于良好习惯的养成。"教育的核心是培养人的健康人格,而培养健康人格应从培养良好行为习惯入手。小学生是养成行为习惯的关键时期。我们在教育实践中,就要以多种有效的方式来帮助小学生养成良好的行为习惯。从细节抓起,从现在做起,扎实有效地进行学生文明习惯养成教育。

(1)要教会学生学会倾听:①上课不做小动作,不玩玩具及学习用品,不做与学习无关的事;②认真倾听其他同学发言,看他们发言是否正确,有没有需要补充的;③要倾听老师讲解,并按要求认真练习。

(2)要教会学生善于思考:①上课专心听讲,认真思考,积极发言;②善于发现,大胆发表自己的见解,对不懂的问题要主动向教师请教。

（3）要教会学生敢于提问：① 勤于思考，敢于质疑，与人交流，不怕说错；② 发言时，站得直，口齿清，讲普通话，声音要洪亮。

（4）要教会学生与人合作：① 主动和同学、老师合作，学会表达自己的观点和见解，共同解决问题；② 与同学交流时，要尊重别人的意见和观点。

以上这些，我都做得不够好，我将在以后的教学实践中，努力践行，争取做到更好。

（五）自己的评价语言单一，激励效果不佳

课堂上，我一般只会用"好""真聪明""你很棒"等几个简单、单调的语言来评价学生，评价语言和学生的表现有时不能同步，评价语言起不到激励学生的作用，而且我的语言也缺乏亲和力，从而导致一部分学生的学习兴趣不高。所以，今后我会更努力地完善自己，让自己更好地胜任教书育人工作，让自己的工作得到孩子、家长的认可。

《小数的大小比较》教学课例

毛正坤

（贵州省黔西南州兴义市敬南镇山脚小学 562402）

一、教学设计

（一）教材分析

本课时内容是在学生初步理解小数的意义，认识了小数的特征，并掌握了小数基本性质的基础上进行教学的。本课时内容的教学要从学生已有的生活经验出发，让学生通过经历的生活实际情况来获取知识，从而提高学生对数学的学习兴趣。

（二）学情分析

学生在以前已经学习了"整数大小比较"，那是比较一、两位数大小，一般不脱离现实情景和具体的量来抽象地比较，且仅限于整数。而本节课是在此基础上深入探究小数的大小比较方法，不仅不受小数位数的限制，而且还要求学生渐渐脱离具体内容采用不同的策略来比较小数的大小。本课中安排了一个"购买学习用品"的生活情境，结合生活经验比较小数的大小，并得出小数大小比较的一般方法。这样使学生的学习热情高涨，提高自主学习的能力。

（三）教学目标

（1）在具体的问题情境中，经历探究小数的大小比较方法的过程，体验解决问题策略的多样化，并能掌握大小比较的一般方法，解决身边的实际问题。

（2）在独立自主、合作交流的活动中，培养学生猜想、验证、比较、概括的思维能力。

（3）进一步体会数学和生活的联系，渗透具体问题要具体分析的思想，通过多样化的探究材料，提高学生学习数学的兴趣。

（四）教学重点难点

教学重点：探究并概括小数大小比较的一般方法。
教学难点：有效地协调好同整数大小比较的关系。

（五）设计思路

（1）通过复习、巩固整数大小的比较方法导入新课。
（2）比较两个小数的大小，总结出小数大小的比较方法。
（3）找出整数与小数大小比较的相同点和不同点。
（4）练习巩固，进一步提升知识的应用能力。

二、教学过程

（一）片段1：复习导入——为学习新知识作铺垫

（1）在黑板上贴出小正方形的卡片（□□□□　　□□□□□）
师：如果这两组卡片分别代表两个整数，你觉得哪个整数会比较大？为什么？
生1：后面个数大。
生2：整数大小的比较：先看数位，数位多的那个数就大；如果数位相同，就从高位开始比起，直到比出大小为止。
（反思：复习反馈比较积极。学生回顾了已经掌握的整数的大小比较方法，并将方法进行了完整的叙述，为新课的学习做了很好的铺垫，培养了学生的表达能力。）
（2）在两个方框中间都点上小数点，提问：现在你觉得哪个小数会比较大？
　　　　　□□.□□　　　　□□.□□□
（反思：整数大小的比较转化成小数大小的比较，让学生产生了很多质疑，如：数位多的就大吗？怎样比较小数的大小……这些疑问激起了学生学习的兴趣和探索的欲望）

（二）片段 2：自主探究——培养学生猜想、验证、比较、概括能力

（1）出示跳远成绩单，你能确定什么吗？

项目：男子跳远

姓　　名	小　军	小　明	小　强
成　　绩	2.84 米	3.05 米	2.□8 米
名　　次			

生 1：小军、小明的成绩能够确定。

生 2：小明跳得最远，是第一名。

生 3：小明成绩中小数的整数部分最大，所以是第一名。

（反思：通过残缺的成绩表，让学生通过观察，明确了小数的比较可以先比较整数部分，整数部分大的小数就大，从而掌握了小数大小的比较中整数部分不同的小数的比较方法，确定了第一名是小明）

（2）那么第二名又是谁呢？

生：无法确定，因为不知道方框里的数字是多少？

师：假如小强是第二名，□会是怎样的？

生：□里可以填 8 和 9。

□里填 8 是 2.88 米，你有充分的理由确定 2.88 就比 2.84 大吗？（小组交流）

生 1：一位一位地比，从整数部分比起。

生 2：根据计数单位比。2.84 里面有 284 个 0.01，2.88 里面有 288 个 0.01，288 比 284 大。

生 3：把米转化为厘米。2.84 米=284 厘米，2.88 米=288 厘米。288 厘米比 284 厘米大。

生 4：利用分数和小数的关系。2.84=284/100，2.88=288/100……

师：小强是第二名，□里还可以填 9。要比较 2.98 和 2.84 的大小，怎样做就能很快地比出来？

生：直接比较十分位。

（3）那小强如果是第三名，你又会有哪些想法？

生：□里填 0 到 7 之间的数都可以。

（反思：通过 2.84 和 2.88 的大小比较，在独立思考的基础上又让学生合作交流，使学生体验到解决问题策略的多样化，让学生经历了"从原来单一的具体内容"拓展到"从数位比、从小数单位比、从分数比、从具体单位比等不同策略"来比较小数大小的过程，使学生多角度多侧面地认识数学知识）

（三）片段3：探究结果汇报——归纳、回顾、验证新知识

师：在课前我们出示的卡片上，要很快地知道这两个小数的大小关系，你觉得应该怎样翻？（□□.□□　　□□.□□□）

生：依次翻看整数部分——十分位——百分位——千分位

师：翻开到10.58与10.57□时，能知道哪个数大吗？

生1：前面那个数大。

生2：无论□填多少都是第一个数大。

生3：我发现前面那个数整数部分、十分位都相同，百分位上前面那个数大，所以无论后面那个数□里填几都比前面那个数小。

师：怎样比较两个小数的大小？

生：先比较整数部分，整数部分大的那个数就大；整数部分相同的，再比较十分位上的数，十分位上的数大的那个数就大……

师：小数的大小比较与整数的大小比较有什么区别呢？

生：整数的大小比较可以从比较数位的多少开始，但小数的大小比较不能从比较数位的多少开始，数位多的那个数不一定就大。

（反思：在初步掌握知识的基础上，再回顾课前提出的问题，让学生在尝试用不同的策略解决问题的同时，自主地实现方法的优化，从而探究出比较小数大小的一般方法和与整数大小比较的区别）

（四）片段4：练习巩固——深化知识的掌握

（1）找到教材40页"做一做"。

（2）42页第8题。

（反思：运用练习题，让学生进一步掌握比较小数大小的方法和解决实际问题的方法，并在解决问题中发现不足和容易弄错的知识进行进一步讲解和强调，让学生体会到新知识在实际生活中的运用）

（五）片段 5：总结收获——知识再现，进一步巩固理论知识

师：同学们，通过今天的学习，你对小数的大小比较有哪些新的收获？

生 1：比较小数大小的方法与比较整数大小的方法不同，不能从数位的多少来比较。

生 2：可以从数位比、从小数单位比、从分数比、从具体单位比等来比较小数的大小。

生 3：通过学习，我对知识的验证有了进一步的认识。

（反思：通过比较、探究，让学生获得知识，并进一步提升学生表达、归纳的能力，也对本次课的知识进行了梳理，让学生更深刻地掌握小数大小比较的方法）

三、学习体验

（一）紧贴生活实际，创设教学内容

在数学的知识里，学习的内容是现实的、有意义的和富有挑战性的。如果在教学活动中，能够结合课题的内容，创设一些学生熟知、亲近和有趣的生活情境或素材，并把它运用到数学的教学活动中，可以激发学生学习的兴趣与动机，使学生在身临其境中既学习了数学知识又解决了生活中的一个个问题。

在教学活动中，教师可通过营造一种现实而又有吸引力的生活背景，激发学生学习的浓厚兴趣，把鲜活的生活题材引入数学教学，使数学教学有源源不断的"生活"活水，数学教学也就不再是深奥难懂的"纯数学"了。

（二）紧贴学生兴趣，激发参与意识

数学教学中，我们要善于把一些数学知识融入学生喜爱、令学生产生兴趣的情境中，通过学生的主动参与，激励学生学习的兴趣。数学课不只是单纯的知识性活动，也应是情感活动课。教师要充分利用"亲其师而信其道"的心理效应，强化师爱的作用，做到把微笑带进课堂，把鼓励带进课堂，把竞争引进课堂。教师以高度的责任心和热心来影响学生，在课堂上多用鼓励表扬的方式激励学生，把期待、信任的目光投向

每一位学生，把尊重、温和、肯定的语言送给每一位学生，这样的教学既提高了学生主动参与的意识，也提升了学生的知识水平。

（三）紧贴实践能力，培养创新意识

长期以来，在教学中往往只重视知识的传承，学生只有听讲的义务而没有参与的意识，这样大大抑制了学生学习的兴趣，影响了学习数学的积极性和学习质量的提高。所以在教学中要选择一些来源于自然、社会、其他学科和在数学内部学生能够实践的活动，通过学生的亲身实践解决一些与生活实践密切相关的数学问题，使学生在获得基本数学知识和技能的同时，实践能力也得到充分的发展。

因此，在数学教学中，只有教学的内容与学生的现实生活、学习兴趣、社会实践紧密相关时，才能让学生主动参与学习，使学生学习数学的兴趣高涨，使数学教学焕发出生命的活力。

《平行与垂直》教学课例

朱 莉

（贵州黔西南州兴义市敬南镇新坪小学 562400）

一、教学设计

《平行与垂直》是四年级人教版上册第五单元的内容，教学是在学生认识线段、射线、直线的基础上进行的。从学生已有的知识出发，在老师的一个创设情境中（两支笔随意地丢在桌子上会形成什么样的图形）进行动手操作、观察、思考、讨论、归纳等活动，解决两条直线的位置关系问题。

（一）教材分析

《垂直与平行》是人教版四年级上册"空间与图形"这一领域的内容，它是学生在认识了线段、射线、直线和角等概念的基础上进行教学的，教材通过具体的生活情境，让学生充分感知同一平面内两条直线平行与垂直的位置关系。正确认识平行、垂直等概念是学生今后学习平行四边形、梯形以及长方体、正方体等几何知识的基础。同时，它也为培养学生的空间观念提供了一个很好的载体。

（二）学情分析

从学生思维角度看，垂直与平行这些几何图形，在日常生活中应用广泛，学生头脑中已经积累了许多表象，但由于学生生活的局限性，理解概念中的"永不相交"比较困难；还有学生年龄尚小，空间观念及空间想象能力尚不丰富，导致他们不能正确理解"同一平面"的本质；再加上以前学习的直线、射线、线段等研究的都是单一对象的特征，而垂线与平行线研究的是同一个平面内两条直线位置的相互关系，这种相互关系，学生还没有建立表象。这些问题都需要老师引导他们在实践中解决。

（三）知识点

平行与垂直的概念。

（四）教学目标

（1）通过动手实践、小组讨论交流，理解平行与垂直这两种直线的位置关系，理解掌握平行线与垂线的概念。

（2）在探索平行与垂直的过程中培养学生的动手操作能力与合作交流意识，进一步发展学生的空间观念。

（3）通过学习活动，促成学生相互合作、相互学习的情感交流，增强学生对数学与生活联系的理解，培养良好的数学情感。

（五）教学重难点

（1）描述平行与垂直两种位置关系，发展学生的空间想象能力。

（2）使学生进一步认识和体会学习数学的乐趣和数学的重要作用，感受与生活的密切联系。

（3）核心问题：两根小棒落在地上会形成几种位置关系？

（六）设计思路

创设情境质疑，以"想一想、画一画、分一分、说一说"等多种活动进行。通过一系列的动手实践活动，唤起学生的已有经验，让学生充分地感知、理解、发现、认识到"平行与垂直是同一平面内两条直线的两种特殊的位置关系"。学生在"动手—动脑—动情"相结合的活动中获得数学知识、技能，积累数学活动经验，感受到数学思想方法，提升数学素养。

二、教学过程

（一）片段1：创设情境，激起学生学习兴趣

（1）认识"同一平面"。

师出示一个用纸折成的长方体纸筒。每个面上各写了一个字（无始

无终）。

师：每个字在相同的面吗？然后展开长方体。

师：现在四个字在几个平面上？

生：在同一平面上。

（2）猜谜语。

师：用"无始无终"打一个我们学过的图形。

生：直线。

师：为什么是直线？

生：因为直线没有端点，可以向两边无线延长。

师：今天我们就来研究同一平面内两条直线的位置关系。

师：（出示两根小棒）设问：如果这两根小棒掉在桌子上，可能有怎样的位置关系？请你们想一想，并用自己的两支笔摆一摆，试一试。并把形成的图形画下来。

学生动手画出同一平面内两条直线。师提醒：还有其他画法吗？画好的同学看看小组内同学画的，交流交流。

（反思：此环节让学生动手摆一摆。学生从一开始参与到数学问题中来，可以激发学生的探究兴趣，引起学生的数学思考）

（二）片段2：探究与归纳

（1）展示各种情况，进行分类。

师：画完了吗？哪位同学愿意上来把你的想法展示给大家看看？（个人展示，将画好的图拿上来交流）

师：仔细观察，你画的跟他一样吗？有不一样的，可以上来补充。

师：同学们的想象力可真丰富，画出来这么多种情况。你能把这些画分类吗？为了叙述方便，我们可以先给这些作品编上号。

师：你能根据直线的位置关系把这些直线分类吗？

（2）学生讨论：哪几组直线可以分成一类？为什么这样分？

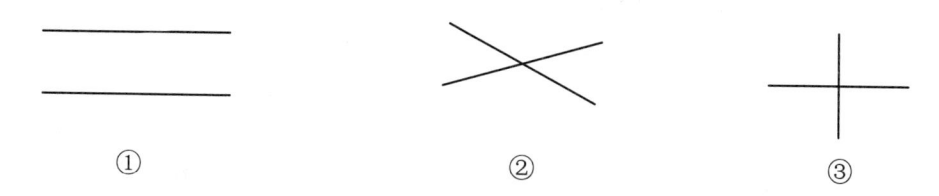

① ② ③

④　　　　　　　　　　⑤　　　　　　　　　　⑥

（3）记录学生分类情况。

生1：①④⑥没有交叉分为一类，②③⑤交叉了分为一类。

生2：①⑥没有相交分为一类，②③④⑤相交了分为一类，因为④两条直线无限延长后也会相交。

生3：①⑥一组，③⑤一组，②④一组。

（4）认识相交。

师：刚才老师听到一个词"交叉"，两条直线"交叉"了，用数学语言应表述为两条直线"相交"了。

师：④两条直线无限延长后真的会相交吗？

学生动手验证。

生：④两条直线无限延长后真的相交了，④两条直线也可以和②③⑤分为一类。

师：两条直线相交的点，叫作交点，有几个交点？

生：一个。

（5）认识平行。

师：剩下的①⑥，想象一下，延长后会不会相交？有没有交点？（学生动手画延长线）

生：延长后不会相交。

生：不相交的两条直线就平行。

师：谁来说一说同一平面内两条直线的位置关系？

生：同一平面内的两条直线的位置关系要么相交要么不相交。

生：同一平面内不相交的就平行。

总结：同一平面内两条直线的位置关系不是相交就是平行。

（反思：让学生发挥想象，动手画直线，锻炼学生的想象力。让学生在动手画的过程中感受直线之间的位置特征，培养学生自主探究意识。充分预计学生可能出现的情况，在课堂教学中不急于得出正确的分类，而是灵活变动，让学生在争论中得出结论，使课堂效果达到最佳。让学生把抽象的问题变成直观问题进行探究，学生在经历直观感知、观察发现、归纳类比等思维过程中解决数学问题。因此学生在讨论辩论、合作探究中获得了思考，得到解决问题的体验）

（三）片段3：深化对平行与垂直的理解

1. 教学"互相平行"

（1）课件出示。

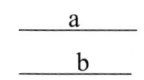

     a
     b

师：现在你来看直线a与直线b，它们的位置关系是？生答。

师：对于永不相交的两条直线还有一个特别的名称，生……

像这样永不相交的两条直线叫作平行线，所以直线a与直线b是一组平行线，也可以说直线a与直线b互相平行。互相说说。

直线a与直线b互相平行可以写作 a∥b，读作：a平行于b。

师：刚才说直线a与直线b互相平行，互相是什么意思？

你们常说互相学习，互相拥抱，互相成为朋友。

对，两条直线ab互相平行，就是说直线a是直线b的平行线，直线b是直线a的平行线。

那我这样说对不对，a是平行线。

那应该怎样说？（边说边画箭头）谁看懂我画的符号了？

师：那么就这两条直线，我们可以怎么说。直线a与直线b是一组平行线；直线a与直线b互相平行；直线a是直线b的平行线，直线b是直线a的平行线。

学生互相说，举例：

     │ │
     │ │
     c d

（2）重点理解。

同一平面内：① 教师指教室内不同面的两条边，让学生理解虽然不相交，但不是平行线，因为不在同一平面内。

学生互相摸一摸长方体纸盒同一平面内的两条棱和不同一平面的两条棱，加深理解。

（板书：同一平面内）

互相：学生结合生活实际和课堂现象互相说一句话。

②共同总结：一条直线不叫互相，互相是指两条直线的关系。

不相交：要永远都不相交。课件演示①⑥无限延长并与相交的进行对比。（板书：互相平行）

（3）学生说生活中的平行线。

2. 教学"互相垂直"

师：刚才同学们说了黑板的两条长互相平行，那黑板的两条相邻边的位置关系如何？

生：相交。

师：它们相交所成的角有什么特殊吗？

生：相交成直角。

师：刚刚我们分类中能找出这种特殊的相交吗？

学生指出来（课件展示③⑤）

师：有什么好办法来验证③⑤是不是相交成直角呢？

生1：用直角三角板来比。

生2：用量角器来量。

学生试着验证是否是直角后，课件展示用直角三角板和量角器验证的方法。（板书：成直角、不成直角）

师：像这种特殊的相交叫什么呢？请大家自学65页的知识，找出③⑤的位置关系及名称。

学生汇报自学成果：直线 a 与直线 b 互相垂直，可以写作：a⊥b，读作：a 垂直于 b，表示直线 a 是直线 b 的垂线，也可以说直线 b 是直线 a 的垂线。

学生回答后，课件演示互相垂直，并标上垂足。

（板书：互相垂直）

（反思：通过老师设问学生答，使教学过程承启流畅，自然而然地过渡到互相垂直。四年级的学生已经具备了独立学习的能力，应放手让学生去自学，使学生在课堂中有独立学习的时间和空间，真正成为学习的主人）

（四）片段4：巩固练习，提升对垂直与平行的认识

（1）选一选：判断下面各组两条直线的位置关系并说出理由。

（2）双杠题中的平行与垂直。

师：从体育器材双杠中，你可以找到多少组平行或垂直的木条？

生1：双杠的两条横杠互相平行。

生2：双杠的横杠和支架互相垂直。

生3：对角支架互相平行。

（3）同学们，还记得我们刚开始上课时猜的那个谜语吗？直线的特征可以用"无始无终"来描述，但是我们学习却应该有始有终。现在老师把这张纸还原成长方体，在这个长方体上有几组互相平行和几组互相垂直的线段呢？大家下课后找一找。

（反思：练习设计力求层次鲜明，既巩固了新知，又拓展了学生视野，锻炼学生的操作能力及培养学生思维能力，同时渗透学习要有始有终的思想教育）

教学板书：

同一平面两条　　＜　　相交成直角——垂直
直线的位置关系　　　　不相交——平行

三、学习体验

学生1：朱老师的这堂课我们感觉学习比较轻松，很愉快。特别是老师让我们玩两支笔的游戏时，我不停地丢了好多组，也画了好多组，跟我的同桌对比讨论最后我发现，虽然丢出来的图形不一样，但最后只有相交和不相交两种，数学太有意思了。

学生2：朱老师的这堂课我最喜欢的是跟同学争论，在争论中我知道什么才是同一个面，我才知道同一个面两条直线不相交就平行，总之，我在不知不觉中学到了知识。

四、同伴互动

同伴1：在创设情景这个环节里，没有一点多余的地方，从同一平面到直线，设计得非常到位。长方体的四个侧面展开变成了一个平面，引出了同一个平面，并展开了今天研究的在同一个平面内两条直线的位置关系，非常好地让学生感受了今天要研究的内容。

同伴2：这堂课老师放手让学生去讨论探究，让学生动手动脑，通过画一画、说一说、比一比、量一量等方式教学，让学生参与到数学知识的形成过程中，从而培养学生思考问题的能力。

五、教学体验

"平行与垂直"是在学生学习了直线及角的认识的基础上教学的，是认识平行四边形和梯形的基础。平行与垂直是同一平面内两条直线的两种特殊位置关系。为了让学生发现在同一平面内两条直线的位置关系并得出结论。我在课堂教学设计和实施中力求体现：① 注意创设生活情境，使数学学习更贴近学生；② 学生通过动手实践、自主探索与合作交流的学习方式，自主完成对知识的建构；③ 努力创设新型的师生关系，让课堂焕发生命活力；④ 注重发挥评价的激励性作用，丰富学生的情感体验。针对本节课，我主要把握以下4点。

（一）创设情景，引导探索

"两根小棒掉在地上，可能会出现什么情形？"放手让学生展开丰富想象，画出可能出现的图形，这样学生在教师设置的问题情景中进入紧张的思维状态，从而积极投入探索活动中。

（二）动手实践，自主探索

由于这是一节概念课，教师不能把现成概念简单地搬给学生，而应调动学生多种感官参与到探索活动中去，所以，我先用两根小棒引出两条直线位置关系，然后画在纸上；再对这些图形进行分类；最后根据"分类"的思想进行抽象概括。在教学中，我紧紧抓住"以分类为主线"展开探究活动，提出"在无限大的平面上，同学们想象把不相交的两条直线继续延长，结果会怎样？""能不能把这几种情况进行分类？"这样有思考价值的问题，学生通过想一想、画一画、分一分、说一说等多种活动进行观察、思考，逐步认识到：在同一平面内两条直线的位置关系只有相交和不相交两种情况，相交中有成直角和不成直角两种情况。这样的教学不仅符合学生的认知规律，而且通过分类、分层理解，既符合学生的认知规律，又有利于提高学生生活实际，让学生从自己的身边发现数学知识，进一步培养学生观察的能力，发现垂直与平行现象。在处理教学难点"在同一平面内"时，我让学生互相摸一摸长方体纸盒同一平面内的两条棱和不同一平面的两条棱，使学生感悟"在同一平面内"的概念，所有一切活动都是依靠学生动手操作、自主探究完成的。

（三）环节紧凑，结构严谨

先摆出两根小棒掉在地上可能出现的情形，再画在纸上，然后根据两条直线位置关系进行分类，引出平行与垂直的概念。而所有练习都是围绕"同一平面内"两条直线的位置关系来展开的，进一步突出概念本质，加深了学生的理解。

（四）训练拓展，扎实有效

除了从主题图中找平行与垂直现象，从生活中找，从身边找，还让学生动手摆一摆、拼一拼、画一画……通过这些练习，让学生进一步加深对平行和垂直概念的理解，进一步拓展知识面，使学生克服学习数学的枯燥感，真正参与学习过程中，在学习过程中提升自己的能力。

《可能性》教学课例

毛正坤

(贵州省黔西南州兴义市敬南镇山脚小学 562402)

一、教学设计

(一) 教材分析

数学课程标准在各个学段中,安排了"数与代数""空间与图形""统计与概率""实践与综合应用"四个学习领域。其中"统计与概率"中统计初步知识在一、二年级已经涉及,但概率知识对于三年级学生来说还是一个全新的概念,它是学生以后学习有关知识的基础,并且概率问题是一个与社会生活关系密切的重要问题。在现实世界中,有些事件的结果在一定的条件下可以预知,即确定现象;有些事件的结果在一定的条件下无法事先预知,即随机现象(不确定现象)。为了帮助学生认识现实生活中的确定现象和随机现象,《全日制义务教育数学课程标准(修定稿)》第一学段新增了属于概率知识范畴的内容"可能性",旨在引导学生观察分析生活中的现象,初步体验现实世界中存在着不确定现象,认识事件发生的确定性和不确定性。数学学习活动是一个以学生已有的知识和经验为基础的主动建构过程,学习者能否主动建构形成良好的认知结构,取决于原有的认知结构里是否具有清晰可同化新的知识的观念以及这些观念的稳定情况。

(二) 学情分析

对于纷繁复杂的自然现象与社会现象,如果以结果能否预知为标准,可以分为确定现象和随机现象(不确定现象)两大类。概率知识对于三年级学生来说还是一个全新的概念,我对学生进行了测试:大部分学生有一定生活经验,对于这部分知识的认识不错。因此在新授课过程中,我们要发挥生活经验在数学学习中的积极作用,对于抛硬币的游戏和例2

的这部分的教学，我们要花的时间不多，学生必能初步体验在现实世界中有些事件的发生是确定的，有些则是不确定的。之后，有意识地引导学生说出课件情境中事情发生的可能性，在此基础上再让学生用"可能""一定""不可能"说说身边的一些现象或事情。重在引导学生按要求完成"小小设计师"的设计，这是突破本节课教学重难点的关键。

（三）教学内容

人教版小学数学三年级上册教科书第104、105页。

（四）教学目标

（1）通过摸珠子活动，使学生初步体验有些事件的发生是确定的，有些事件的发生是不确定的，并能用"一定""可能""不可能"等词来描述事件发生的可能性，感受到数学与生活的联系，获得初步的概率思想。

（2）培养初步的判断和推理能力。

（3）在合作交流中培养团队精神，在自主探索中树立自信，在活动中培养学习兴趣，结合教学活动渗透诚信教育。

（五）教学重点、难点

教学重点：通过活动体验有些事件发生的确定与不确定。

教学难点：理解"一定""可能"与"不可能"；能用"一定""可能"与"不可能"来描述、解释生活中的事情。

（六）设计思路

（1）用学生感兴趣的游戏活动作为教学素材，帮助学生理解数学知识。

（2）引导学生经历做数学的过程，让学生在数学活动中体验不确定现象和可能性。

二、教学过程

（一）创设游戏情景，导入课题

（1）师出示色子让学生看。

师：同学们看老师手里是什么？

生：色子。

师：那么现在老师想请同学们和老师一起用这颗色子做一个游戏好不好？

生：好。

师：老师把这颗色子藏在老师的手里，看同学们能不能猜到它在老师的哪只手里？

生1：左手。

生2：右手。

（2）师小结揭示课题。

（反思：开课这一段，可以说是一切尽在掌控中。利用猜色子的游戏调动了学生学习的热情，在游戏中我引导学生对游戏的结果进行思考。在体验和交流中，为这节课的讲授做铺垫）

（二）分组摸珠子游戏（体验"一定""不可能""可能"）

（1）交代摸珠子游戏规则。

师：下面老师把同学们分成六个小组来玩摸珠子的游戏。

课件出示游戏规则：每一组的人数相同，都是9人，每组都有一个袋子，袋子里有老师装好的几种颜色的珠子。每组的组长提着袋子，组员任意从袋子里摸一颗珠子（每人只能摸一次），前一个同学摸完后放回袋子里，下一个同学摸之前搅一下再摸（不能偷看）。每个人摸完之后组长记录是什么颜色。所有组员摸完后统计看哪一个小组摸到红珠子的次数最多，摸到红珠子最多那个组有奖励。

（2）学生分组游戏活动。

（3）学生汇报。

组次	摸到红色的次数
第一组	8次
第二组	0次
第三组	0次
第四组	0次
第五组	5次

第六组　　　　　　　　　　　3次

　　（4）验证。

　　①体验"一定"。

　　师：为什么第一组的同学从他们组的袋子里任意摸一颗珠子摸到的都是红色的呢？我们把这组的珠子倒出来看一下。

　　倒珠子验证。（全是红珠子）

　　生：原来这个袋子里装的全是红色的珠子。所以摸到的珠子一定是红色的。

　　②体验"不可能"。

　　师：为什么第二、三、四这三个组的同学从袋子中任意摸一个珠子都摸不着红色的呢？我们再把这三个组的珠子倒出来看一下。

　　倒珠子验证。（有白色、绿色等珠子，没有红珠子）

　　生：原来这些袋子里没有装红色的珠子。所以不可能摸到红色的珠子。

　　③体验"可能"。

　　师：为什么第五、六这两个组的同学从袋子中任意摸一颗珠子，有的摸到红色的而有的摸到其他颜色的呢？我们再把这两个组的珠子倒出来看一下。

　　生：原来这个袋子里除了装有红色的珠子，还装了其他颜色的珠子，所以可能摸到红色的珠子也可能摸到其他颜色的珠子。

　　（反思：本环节的特殊之处是让学生经历"活动—猜测—体验—推想—验证"的过程，引导学生自主探索。创设学生熟悉的摸珠子情境，让学生在活动中学习，获得愉快的数学体验，并在体验中有所发现、有所感悟、有所发展。对于摸珠子比赛，学生很喜欢，那是因为抓住了学生好胜的心理。但教师设计意图却不是为了摸珠子而摸珠子，为了游戏而游戏，而是让学生体验事件发生的三种可能性）

　　（三）分组装珠子活动：促进理解（体验事物的确定性和不能确定性）

　　（1）交代装珠子游戏规则。

　　师：刚才有些同学说我们的游戏不公平，那么我们这次游戏奖励就不算数了。现在老师给你们一个公平竞争的机会，还是以小组为单位游戏。这次不是摸珠子，而是装珠子。同学们请看装珠子的游戏规则。

课件出示游戏规则：以小组为单位按老师的要求往空袋子里装珠，看哪个组按老师的要求装得又对又快，还能说出道理来。装结束后由组长举手说，其他组员注意倾听。

（2）按老师要求活动。

①师：如果从口袋里任意摸一颗珠子，摸出的一定是黄色。

生：我们组往袋子中全装了黄色。

师：为什么要这样装？

生：因为只有全装了黄色，才能摸出的一定是黄色。

②师：如果从口袋里任意摸一颗珠子，摸出的不可能是黄色。

生1：我们组往袋子中全装了绿色。

生2：我们组往袋子中全装了白色。

生3：我们组往袋子中全装了红色。

生4：我们组往袋子中全装了白色和红色。

……

师：为什么每个组都没装黄色？

生：因为只有不装黄色，摸出的才不可能黄色。

③师：如果从口袋里任意摸一颗珠子，摸出的可能是黄色。

生1：我们组往袋子中装了3颗黄色5颗白色。

生2：我们组往袋子中装了2颗白色6颗黄色。

……

师：为什么要这样装？

生：因为只有装了黄色和其他颜色，摸出才有可能是黄色，也有可能是其他颜色。

（3）师小结：通过刚才的游戏，我们知道"一定"和"不可能"是在完全确定的情况下做出的判断，而可能是在不能完全确定的情况下做出的判断。

（反思：让学生在活动中学习数学，是新课标提倡的学习方式。知识是在实践中体验、理解和掌握的。有了前面的实践活动的基础，再通过此环节的师生、生生交流、讨论，学生始终在积极的状态下主动地理解、体会。在活动中我给予学生大量的时间、空间去探索、去发现、去充分感知。让学生应用学到的知识理解事物发生的确定性和不能确定性。但教学中采取小组合作时，没有给学生充分的独立思考时间，也造成了个别学生"搭便车"的情况，不利于学习有困难学生的发展。这些问题还有待解决）

（四）联系生活、巩固新知

（五）全课总结

三、教学体验

本堂课，我利用"亲和性"的学习材料、"趣味性"的游戏活动，再加上饱满的热情、生动的语言，让学生多观察、多操作，亲自实践、体验，在活动中让学生获得确定性和不确定性的直观感受，从而获得有用的可能性基础知识，用来解释生活现象，并能做出一些简单的判断和推理。

（一）让学生在活动中亲历数学，体验数学

《全日制义务教育数学课程标准（修定稿）》明确指出："让学生在具体的数学活动中体验数学知识。"基于这点，在感知"可能""一定"和"不可能"时，我安排了这样几个层次的活动，第一个层次是"猜色子游戏导入"，使学生初步感知可能性。第二、第三个层次是"摸珠子、装珠子"活动，使学生真切地感受体验到："一定""不可能""可能"和有些事件的发生是确定的，有些事件的发生是不确定的，让学生在一系列的数学活动中，逐步丰富起对不确定及确定现象的体验。第四个层次是"走进生活——应用可能性"，每一个环节都是让学生在生动具体的活动中理解和认识数学。

（二）将数学学习体验置于生活的背景之中

"一定""可能""不可能"是三个比较抽象的概念，为了帮助学生更好地理解，在教学本节课时，教师的整个教学过程始终紧密联系了学生的生活实际，为学生创设了生活化的数学情境。在激发学生兴趣的同时，又让学生感受到数学是生活的一部分。让学生用"一定""可能""不可

能"来描述生活中的事,更是让学生感受到数学与生活息息相关。同时还创设了学生喜爱的游戏情境,真正做到了数学知识从生活中来,回到生活中去。

(三)让学生在合作交流自主探索中学习体验数学

在这节课中,我十分重视有意义的合作学习,并重视教给学生合作的策略,能及时对合作好的学生做出公正合理的评价。我把学习的主动权交给学生,充分调动学生学习的积极性、主动性。在每个环节中,学生都是用自己的双手去操作、用自己的眼睛去观察、用自己的头脑去判断、用自己的语言去表达,因而学得生动而充满活力、主动而富有个性。通过本节课的教学,学生形成了用数学的眼光去观察世界、了解世界的意识;体验到身边很多事物与数学有关,学好数学可以解决很多问题;培养了用数学视角去分析问题,以及用比较准确的数学语言去描述身边事物的能力。

《钟表的认识》教学课例

王 英

（贵州黔西南州兴义市敬南镇山脚小学 562402）

一、教学设计

（一）教材分析

　　一年级学生已经储备了一些认识钟表的生活经验，因此大多数孩子会看整时，但这些只是粗浅的、感性的。教材安排了与学生生活息息相关的情景，有助于学生更好地认识时间。

（二）学情分析

　　时间的知识在孩子们的日常生活中处处都离不开，比如每天都要按时起床、吃饭、睡觉等，这样在生活中就已经潜移默化地感知了时间这一抽象概念的存在。在与孩子们课前交流后，我发现很多孩子在学前教育时就已初步认识了钟面并已经会认整时，只是这种认识是粗浅的、感性的。

（三）知识点

　　会认读整时，并知道整时的两种表示方法及练习。

（四）教学目标

（1）认识钟表的时针和分针，会看整时，知道整时的两种表示方法。
（2）结合学生生活经验逐渐培养学生的观察能力和动手操作能力。
（3）教育学生要养成遵守时间和爱惜时间的好习惯。

（五）教学重点难点

教学重点：会认读整时，并知道整时的两种表示方法。
教学难点：初步建立时间观念。

（六）设计思路

猜谜激趣→自主探究→重难突破→实践应用，巩固新知。

二、教学过程

（一）片段1：猜谜激趣，导入新课

今天上课老师给大家带来了一件礼物，大家猜一猜，礼物盒里装的是什么？（课件出示礼物盒，背景音乐配上钟表走动的声音和闹钟响铃的声音）

生：钟表。

师：小朋友们真聪明，一下就猜到了。钟表有什么作用呢？

生：知道时间。

师：是呀，钟表的作用可真大，今天这节课就让我们与钟表交朋友，一起来认识它吧。（板书课题：认识钟表）

（反思：抓住学生的年龄特征，以猜谜语为切入点，引发学生的兴趣，在猜、议中营造积极、活跃、民主的学习氛围，利于孩子们投入学习活动中，激发学生的思维、培养学生的表达能力）

（二）片段2：自主探究，认识钟表

活动一：认识各种钟表

师：在我们的生活中，钟表随处可见。数学王国的博物馆里就搜集了好多钟和表，我们来一起欣赏！（介绍钟表：有形状各异的钟，有的可以挂在墙上，有的可以立在桌上。还有各式各样的表，有带指针的表，也有只用数字代表时间的表，哪位小朋友知道这种只用数字代表的表叫作什么表吗？

生：电子表。

师：对，你知道的课外知识可真多，这种样子的表叫作电子表。

（反思：结合孩子们的生活经验向孩子说明，日常生活中的钟表主要有两种：一种是像挂钟和手表这样的，钟表面上有 12 个数；另一种是像闹钟这样的电子表，表面上有两个点，点的左右两边都有数字。这为之后用两种方法表示整时打下基础）

活动二：认识钟面

师：这些钟表虽然大小不一，形态各异，不过它们都拥有一个钟面。现在请小组长拿出钟面模型，请好好观察你手中的钟面模型，摸一摸，转一转，和同桌说一说钟面上都有些什么？

生：有 12 个数字。

生：有两根指针。

生：一根长，一根短。

师：好啦，孩子们，请小组长把钟面模型收好摆在桌面中间。

（反思：在"认识钟面"这一环节，小组内观察闹钟的钟面上有些什么，人人都参与观察，感性地接触到钟面，真正做到了教"体验"，为下一个活动"完善钟面"做知识储备）

活动三：完善钟面

师：瞧！王老师昨天也制作了一个钟面，咦？不过好像我没有制作完整？还少了些什么？（贴出一个只有刻度的钟面）

生：数字。（哪些数字？有多少个数字？）

师：哦，还缺了数字 1～12，我记得带了一些数字，我想把这些数字贴在钟面上，你们有什么好办法能很快就给每个数字宝宝找到正确的位置呢？先贴哪个数字宝宝比较好？（着重认识正上方、正下方两个方位的数字）

生：先贴 12。

师：好，那就先贴正上方的 12。（师贴）然后呢？再贴正下方的 6。（师贴）那我现在想请一个孩子帮我把其他数字宝宝贴上去，下面的小朋友请你睁大眼睛仔细看他贴得好不好，还有他是按什么顺序贴的。（生上台将数字按序贴在钟面上）

师：请你仔细看，这些数字宝宝怎么排列的呢？（从小到大）伸出你的小手跟着老师一起来运动，边指边数 1，2，3……12。我们刚刚绕圈的这个方向叫作顺时针方向，请你和我一样再顺时针方向画一圈。

- 183 -

师：好啦，那现在这个钟面完整了吗？

生：还缺了两根针，分针和时针。

师：哦，还有两根针，你观察很仔细，而且你竟然都知道它们的名字了，一个叫时针，一个叫分针，你可真了不起！告诉你们一个秘密，在钟面家族中，这两根针，一个是时针，一个是分针，但是它们俩长得太像了，你分得清哪个是时针，哪个是分针吗？

生：长的是分针，短的是时针。

师：除了长短，粗细有区别吗？

生：时针粗，分针细。

师：那你来帮我把分针贴上去，指向数字12。（生上台）那你来帮我把时针贴上去，指向数字10。（生上台）

师：又细又长是？（红笔板书：分针），又粗又短是？（红笔板书：时针），你们可要记住它们俩的名字和特点哦，时针怎么样？分针呢？

（反思：孩子们在帮助老师"完善钟面"的过程中，更加清晰地知道了钟面里包含了哪些部件，并且由数字的排列规律认识了顺时针方向和逆时针方向。时针和分针的名称、特点是学生很容易混淆的，要让孩子们能正确区分，让孩子在趣味中识记和区分时针和分针的特点）

（三）片段3：重难突破，认识整时

师过渡：认识了时针和分针后，我想带你们认识我的妹妹婷婷，她和你们一样，也是1个一年级的小学生，她一听我要来给咱们班的孩子上课，就迫不及待地想跟大家分享一下她的日常作息时间。我们一起来看一看婷婷一天几时都在做什么。

（1）上学：出示7时。

师：谁是善于观察的小朋友，给大家介绍一下婷婷几时在做什么？

生：7点，7点钟，7点整……婷婷去上学了。

师：刚才你们说的7点，7点钟，都是在日常生活中的说法，在数学上准确的说法是7时。

师：你是怎么认出是7时的呢？（贴7时时钟）（引导学生观察分钟，再观察时针）

师：谁有好办法记录这个时刻？

师：板书 7 时，我们先写 1 个数字 7，再加一个时间的时就行啦，除了用文字表示现在是 7 时，你还知道不同的写法吗？

师：对，还可以像电子表一样，只用数字表示：先写 7，再写 2 个圆点，再写两个 0，这种方法我们叫电子表示法。（师板书 7:00）

（2）放学（3 时）：出示 3 时。

师：经过了一天的学习，这个时候是什么时刻了？婷婷 3 时，在做什么？

生：婷婷 3 时，放学了。（同桌之间互相说一说，你是怎么认出是 3 时的）

请同学们拿出数学本，写出 3 时的电子表示法，请 1 位同学上来写。

（3）吃饭（6 时）：出示 6 时。

师：放学后，婷婷说她先把作业做完，然后她就可以开心地和她的朋友玩耍了，慢慢就到了吃晚饭的时间，谁来说说她几时吃晚饭？

生：婷婷，6 时在吃晚饭。

师：你是怎么看出来是 6 时的？

请同学们拿出数学本，写出 6 时的电子表示法，请 1 位同学上来写。

师：小朋友们，我把婷婷跟大家分享的这 3 个时刻一起贴到了黑板上，分别是 7 时，3 时，6 时，像这样的时间我们叫作整时（板书），请你仔细观察这 3 个整时钟面，你发现整时的钟面有什么特点？

生：分针都指向 12。

师：对，分针指向 12 的时刻都是整时。到底是几时要看谁呢？

师生共同小结：长分针指 12 时，时针指几就是几时。

师：通过刚才的学习，我们学会看几时了，接下来考考你们是不是真的学会了。

（反思：让数学走近生活实际，让生活走进数学课堂，促使学生在生活经验中搜集信息，体验到数学存在于生活之中，感悟数学的作用，体验数学的乐趣）

（四）片段 4：实践应用，巩固新知

练习一：看这是几时？

谁知道这是几时？你是怎么知道的？谁能像老师这样完整清晰地说

一说？（多请几位学生模仿说一说）

练习二：拨钟游戏。

师：通过刚刚的学习，我发现咱们班的小朋友表现得非常棒，说得好，写得也不错。老师决定奖励大家一个拨钟的游戏：

（1）老师说，小组长拨，同桌当小裁判。

（2）小组长当小裁判，同桌拨。

（反思：基于知识点的浅显，在教学中利用学生已有的知识，再让学生用自己的语言来表达怎样看、拨整时，由感性到理性，自然流畅，不仅突出了学生的主位地位，而且培养了观察和语言表达能力）

三、课堂总结

师：小朋友们，时间过得真快，我们该说再见了，希望你们都能学会合理安排自己每天的生活和学习，养成遵守时间和珍惜时间的好习惯，做个珍惜时间的好孩子。

板书：

认识钟表

分针：长　　细　　　　时针：短　　粗

7时（7:00）　3时（3:00）　6时（6:00）

四、情感体验

时间对于学生来说既熟悉又陌生，熟悉是因为他们的生活、学习离不开时间，陌生是他们认时间、看钟表的方法是零碎的、不具体的，这就需要在老师的指导下，科学地认识钟表。本节课的教学目标，是让学生初步认识钟表及认识整时，培养学生学数学用数学的能力，并让学生懂得爱惜时间，养成合理安排时间的好惯。

在认识钟表这堂课的教学过程中，学生学得主动，课堂气氛热烈，知识获得与情感体验同步进行。反思本课的教学，我有以下三点认识。

（一）充分利用学生已有的生活经验

在一年级学生的生活经验里，已经有了一些钟表的知识储备：上学的时间、放学的时间、吃饭的时间……虽然这些认识是浅显的、感性的，对于不同的学生来说层次也是不同的，但是仍为学生学习认识钟表奠定了经验基础。

（二）创设生动具体的学习情境

使学生借助已有的生活经验，用心参与尝试探究学习活动，而且让学生在情境中体验时间，构成时间观念，并受到珍惜时间、养成良好的作息习惯的教育。实践证明，学生对数学情境的问题很感兴趣，能够用心主动地参与学习，课堂气氛活跃，整堂课都能保持浓厚的学习气氛。

（三）创造动手实践、自主探索、合作学习的机会

动手实践、自主探索、合作学习是新课程标准倡导的数学学习方式，这就要求教师给学生带给更多的动手实践、自主探索、合作学习的机会，使学生能充分发表自己的见解，在动手实践、自主探索、合作交流中学会倾听别人的想法，学会交流，增强合作意识。在认识钟面这一环节中，主要通过同桌合作的形式，学生拿出学具钟，拨一拨、说一说，然后向全班同学汇报。学生在合作中分享着互助与竞争，体验到成功的喜悦。从实际教学中看出，合作学习是一种行之有效的学习方式，学生在彼此的交流中，相互启发，相互补充，相互学习，共同提高。

总之，课堂教学应创设有利于学生发展的情境，让学生在动手实践、自主探索、合作学习中学会探究、学会合作、学会交流，在实践中感受数学的价值，理解并体会到数学就在身边，对数学产生亲切感。

但是，本节课也存在很多不足：时间安排不是很合理，前半堂的教学过于拖拉，耽误了不少时间，导致后面的练习没有全部完成。今后在这些方面要注意。

《圆柱的表面积》教学课例

勾祖鹏

（贵州省黔西南州兴义市敬南镇中心小学 562402）

一、教学设计

（一）教材分析

《圆柱的表面积》是人教版小学数学六年级下册第二单元的内容。在这个阶段，学生已经直观认识了长方体、正方体、圆柱和球，并初步了解了长方形、正方形、圆等平面图形的性质，学习了这些图形的面积计算，学生还认识了长方体（正方体），掌握了长方体（正方体）表面积与体积的含义及其计算方法。在此基础上，本单元进一步学习圆柱和圆锥的知识。

（二）学情分析

圆柱的表面积的学习是在学生已经学习了长方体和正方体的表面积的基础上进行的。在此之前学生已经初步理解了表面积的含义，这是圆柱的表面积的学习基础。圆柱的表面是由两个相同的底面和一个侧面构成的，计算圆柱的底面积就是计算圆的面积，对学生来说并不是新知识，所以教学的重点是探索圆柱侧面积的计算方法。教科书突出了圆柱侧面展开图的探索过程，以及侧面展开图的长、宽与圆柱有关量之间的联系。

（三）教学目标

（1）使学生理解圆柱表面积的含义，掌握表面积的计算方法。

（2）根据圆柱表面积和侧面积的关系，使学生学会运用所学的知识解决简单的实际问题。

（3）感受到数学与日常生活联系广泛，激发学生热爱数学的情感。

（四）教学重点

探究求圆柱体侧面积、表面积的计算方法，并能正确进行计算。

（五）教学重点难点

能灵活运用表面积、侧面积的有关知识解决实际问题。
圆柱表面展开图、纸质圆柱形茶叶罐、长方形纸、剪刀、圆柱体纸盒。

（六）设计思路

（1）创设生活情景，激励自主探索。
（2）创建探究空间，主动发现新知。
（3）自主总结规律，验证领悟新知。
（4）解决生活问题，深化所学新知。

二、教学过程

（一）片段1：创设生活情景，激励自主探索

师拿出圆柱体茶叶罐：谁能说说圆柱是由哪几部分组成的？想一想工人叔叔做这个茶叶罐是怎样下料的？（学生会说出做两个圆形的底面再加一个侧面）那么大家猜猜侧面是怎样做成的呢？在做的过程中可能会遇到什么困难？（说说自己的猜想）

生1：由侧面和两个底面组成。

生2：可能会遇到底面和侧面底部不吻合，导致不能做成圆柱。

（反思：教师在教学中结合生活实际，让学生充分发挥想象，为学生提供独立思考的机会，给学生留有充分的思考余地，让学生根据自己对问题的理解和思维发展水平，提出对问题的看法）

（二）片段2：创建探究空间，主动发现新知

用自己喜欢的方式将茶叶罐的包装纸展开，看看得到一个什么图形？先猜想，然后说说，再操作验证。这个图形各部分与圆柱体茶叶罐有什么关系？小组交流。（学生要说清楚展开的方法不同能得到什么不同

的图形。展开的形状可能是长方形、平行四边形、正方形等）

（反思：教师从学生的不同回答中可以了解学生是怎样思考的，哪些学生处于较高的理解层面，哪些学生理解得还不够深入或不够准确，从而教会学生思考，培养学生的空间想象力和表达能力，发展学生的空间概念）

（1）用自己喜欢的方式，将茶叶罐的包装纸展开，看看得到一个什么图形？

（2）观察这个图形各部分与圆柱体茶叶罐有什么关系？

（3）小组交流，能用已有的知识计算它的面积吗？

（反思：表达交流是学生学习数学的"活化剂"。学生在自主探索、亲身实践、小组讨论、合作交流的氛围中，解除困惑，更清楚地明确自己的思想，并有机会分享同学的想法）

（4）学生反馈。

生1：我用的方法是测出圆柱的底面半径和高，用 $s=\pi \times r \times r$ 算出底面积，用 $s=2\pi rh$ 求出侧面积，最后用侧面积+底面积×2，求出圆柱的表面积。

生2：我用的方法是测出圆柱的底面周长和高，用 $s=ch$ 求出侧面积，求出半径代入 $s=\pi \times r \times r$，求出底面积，最后用"侧面积+底面积×2"求出圆柱的表面积。

生3：我测的是圆柱的底面直径和高，我用 $s=\pi dh$ 求出侧面积，用直径除以2求出半径，再用 $s=\pi \times r \times r$ 求出底面积，最后用侧面积+底面积×2求出圆柱的表面积。

（反思：通过同学的反馈，可以使每一个学生都有发言的机会，也有听别人说的机会；既有面对几个人发表自己见解的机会，又有面对全班同学说的机会。学生为了表达本组的意见，更加主动地思考、倾听、组织，灵活运用新旧知识，使全身心都处于主动学习的兴奋中，在亲身体验和探索中认识数学，解决问题，理解和掌握基本的数学知识、技能和方法。在合作交流、与人分享和独立思考的氛围中倾听、质疑、说服、推广，直至豁然开朗）

（三）片段3：自主总结规律，验证领悟新知

（1）师：如果圆柱展开是平行四边形，是否也适用呢？

（2）学生动手操作，动笔验证，得出了同样适用的结论。

（3）结论。

圆柱的侧面积=底面周长×高

圆柱的表面积=侧面积+底面积×2

（反思：学习任何知识的最佳途径是通过自己的实践活动去发现，因为亲自体验理解最深，也容易掌握。给每个学生参与数学活动的机会，真正使学生在动手中学习，在动手中思维，在体验中思考，在思考中创造，在创造中发展。在教师创设的情境中，由学生得出结论，又让学生验证，极大地发挥了学生的主观能动性，充分地展示自我，使学生个性得到发展）

（四）片段4：解决生活问题，深化所学新知

（1）一个圆柱的高是15厘米，底面半径是5厘米，它的表面积是多少？

教师：这道题已知什么？求什么？

学生：已知圆柱的高和底面半径，求表面积。

教师：要求圆柱的表面积，应该先求什么？后求什么？

使学生明白：要先求圆柱侧面积和底面积，后求表面积。

教师：我们可以根据已知条件画出这个圆柱。随后教师出示圆柱模型，将数据标在图上。

教师：现在我们把这个圆柱展开。出示展开图。

（2）让学生观察展开图："在这个图中，长方形的长等于多少？宽等于多少？圆柱的侧面积怎样计算？圆柱的底面积应该怎样求？"

指名学生回答，注意要使学生弄清每一步计算运用什么公式（如圆的周长公式和面积公式，长方形的面积公式，等等），然后指定一名学生在黑板上演示。

其他学生在练习本上做。教师行间巡视，注意查看学生计算结果的计量单位是否正确。

（3）做完后，集体订正。

（反思：数学来源于生活又应用于生活，解决生活中的实际问题，让学生体验知识的应用过程，感受成功的喜悦）

三、教学体验

（一）注重培养学生的语言表达能力

语言是交流的工具，是同伴之间互相学习的纽带。语言和思维是紧密相关的，说话过程也是思维训练的过程。学会在合作学习中主动与他人进行交流，通过交流能增进理解，联络感情，达到心理共融和默契；有利于及时了解同伴的学习情况，组员间相互补充、支持与配合，在面对面的互动中形成共识，开拓思维。在教学中，我每个环节都设计有同学之间交流的机会，给学生提供说话的平台，让他们交流各自的想法，互相学习。

（二）注重培养学生的合作意识

一个人的能力是有限的，要让学生体会到"我需要与别人合作""别人需要与我合作"，这样才能做更多的事。让学生学会从知识的探索与对比中提出问题，从而加深对知识的理解，使学生更为主动，更为深刻。在教学圆柱侧面积计算方法时，没有拘泥于教材上把侧面转化为长方形这一思路，而是放手让学生合作探究：能否将这个曲面转化为学过的平面图形？鼓励学生大胆猜想和实验，把圆柱形纸筒剪开，结果学生根据纸筒的特点和剪法分别将曲面转化成长方形、正方形、平行四边形等平面图形。通过观察和思考，最终都探讨出了侧面积的计算方法。在组织学生合作学习中，较好地培养了学生的合作能力。给学生提供一个合作交流的平台，在相互的交流中大胆发表不同的见解，从而形成共识、共享、共进，共同归纳出计算圆柱表面积常用的三种形式，加深了对知识的理解深度。

（三）注重培养学生的实践能力

以解决问题为主线，打破了"例题—习题"的教学模式，给学生创设探究的舞台。创建"生活课堂"，就是要让学生在自然真实的主体活动中去"实践"数学，在实践中探索，在"实践"中发现。在实践中推出圆柱的侧面积的计算，从而得知圆的表面积的计算方法，使学生在学习知识的过程中学会学习。同时，情感上得到满足。实践使我们体会到，创建"生活课堂"应从学生的生活实际出发，关注学生的情感体验，调动学生的生活积累，帮助他们架设并构建新的平台，让学生发现数学问题，并激励学生在实践中探索解决问题的方法，从而提高学生整体素质，使学生个性得以发展。

（四）注重培养学生的思维能力

创设氛围，启发思考，教学中善于创设"问题情境"，把学生置于研究新的未知的问题气氛之中，使学生在提出问题、思考问题、解决问题的动态过程中学习。通过操作探索，引发思考，以"学习活动"为中心组织教学，并使学生在动手、动脑、动口的多种感官参与学习的过程中，学会思考，促使学生主动参与学习，主动思考。学生不但掌握了学习方法，而且观察能力、思维能力及口头表达能力都得到锻炼和提高。教师要营造平等、宽容、尊重、理解、和谐、愉悦的学习氛围，真正把学生当作学习的主人，热情鼓励每个孩子，实实在在地使学生在课堂上想说、敢说、爱说、乐说，积极参与课堂教学活动。

《方程的意义》教学课例

杨 丹

(贵州省黔西南州兴义市沧江乡平保小学 562413)

一、教学设计

(一) 教材分析

《方程的意义》是义务教育课程标准实验教科书人教版数学五年级上册第五单元的内容。方程的意义是在掌握了用字母表示数的基础上进行的学习，这一节内容只要求学生初步理解方程的意义，知道什么是方程，能判断一个式子是否是方程，这也是之后学习解方程、用方程解决实际问题的重要基础。

(二) 学情分析

五年级一共有 4 名学生，且 3 名是留守儿童，他们长期离开父母，与祖父母一起生活，隔代教育的弊端在边远的山区体现得淋漓尽致。在老一辈的观念中只求孩子能吃饱穿暖，对孩子的教育问题基本不重视，导致学生对待学习也十分消极轻视。由于地域限制，住户散落，部分学生除了在学校的时间几乎都与老人待在一起，极少的交流也促使学生的表达能力十分欠缺。综上，在课堂上就体现出缺乏理解问题、分析问题的能力，不能很好地理解题意；对概念的理解不深。

(三) 知识点

方程的意义。

(四) 教学目标

(1) 使学生初步认识方程的意义，知道等式与方程之间的关系，并能进行辨析。

（2）能用方程表示实际问题中简单的数量关系，在这个过程中，发展抽象思维、表达能力及概括能力。

（五）教学重点难点

（1）理解掌握方程的意义。

（2）能正确比较方程与等式的异同。

（六）设计思路

美国心理学家贾德通过"水下击靶"这一实验研究表明，只要一个人对他的经验、知识进行了概括就有可能发生迁移，而且对原理了解概括得越好，在新情境中学习的迁移也越好。所以在进行本课教学环节设计时利用几乎妇孺皆知的"曹冲称象"这一故事引入"天平"，再利用天平的原理将所看到的现象与数学知识联系起来，训练学生的理解和概括能力，结合"三教"理念，使学生能够更有效地理解问题情境并能准确地概括出新知识与旧经验之间的共同原理，从而产生迁移。

二、教学过程

（一）片段1：故事激趣，引入"天平"

师：出示图片，同学们听过《曹冲称象》的故事吗（见图1）？

图1

师：谁来简单地说一说，曹冲运用了什么原理得出了大象的重量？

师：在生活中还有很多工具能帮助我们测出相同重量的物品，今天我们来认识其中一种——天平（见图2）。

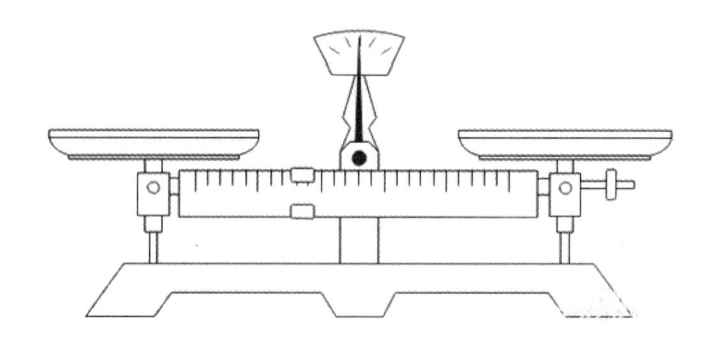

图 2　天平

（反思：以寓言故事为开端，吸引学生注意力，激发学生兴趣，让学生简要叙述故事内容，训练了学生的表达能力以及概括能力，让学生说其中的原理则是锻炼学生的思考能力。通过故事引出"天平"，渗透了数学知识与生活的紧密相关）

（二）片段2：动手操作

1. 活动一：体验"平衡"，引出"等式"

（1）根据例图在天平两端放置砝码，根据操作过程描述天平发生了什么变化？得出什么数学关系式？

① 天平两边托盘都不放东西：保持平衡。

② 天平左边托盘放入一个50 g的砝码，右边托盘放入一个100 g的砝码：天平左高右低，说明天平右边重一些。50<100（不等式）

③ 天平左边托盘再放入一个50 g的砝码,右边托盘不变：保持平衡。50 + 50=100（等式）

（2）理解归纳等式的意义（含有等号的式子叫作等式）。

（反思：让学生自己动手摆放添置砝码，整个过程观察→操作→思考→描述，通过实际操作来理解等式的意义，综合体现了吕传汉教授的"三教"理念）

2. 活动二：认识"方程"

根据例图利用天平称出"一杯水有多重"，并在过程中用相应的数学式子表示出来。

（1）空杯子的重量=100 g（见图3）

图3

（2）一杯水的重量=水的重量+杯子的重量，即（100+x）g（见图4）

图4

（3）100+x>200，100+x<300；100+x=250（见图5）

图5

2. 提问：如何才能让天平保持平衡？（见图6）

图6

（3）观察比较有什么不同？

① $100+x>200$，$100+x<300$，$100+x=250$

② $100+x=250$，$50+50=100$

方程的意义：含有未知数的等式叫作方程。

3. 活动三：对比"等式"与"方程"的联系及区别

（1）仿写方程。

（2）思考：是不是所有的等式都是方程？为什么？

（3）思考：是不是所有的方程都是等式？为什么？

（反思：通过对比分析，基于"三教"理念，反复追问"为什么"，引导学生思考其中缘由，加强学生的体验感受，锻炼学生的表达能力）

（三）片段3：加强训练，巩固应用

（1）"做一做"第1题，判别一个式子是不是方程。

① 说一说什么是方程？

② 自己判断，集体订正，并说说判断一个式子是不是方程的依据是什么，如何判断？

（2）"做一做"第2题。

① 分析图意。

② 用方程表示数量关系

（四）片段4：回顾总结

这节课你学会了什么？有哪些收获？

生：含有等号的式子叫作等式；含有未知数的等式叫作方程。
生：方程有两个重要条件：一个是等式，一个是含有未知数。
生：方程一定是等式，等式不一定是方程。
（反思：帮助学生回忆梳理知识点，加深学生对方程的意义的印象）

三、教学体验

（一）故事激趣，引发思考

大部分学生在学习数学这门学科时是把它完全独立出来的。其实，数学的学习是基于语文阅读之上，也是掌握实际生活技能的基本。通过寓言故事引入课题，一方面让学生明白数学无处不在，另一方面也让学生学会透过现象看本质。因为思考，曹冲运用了"等量替换法"，使大化小，分而治之；因为思考，我们能从曹冲称象这一行为中找到数学线索，所以只要善于思考，从数学的角度去看待分析问题，简单的问题也会变得有趣起来。

（二）动手操作，增强体验

根据课本例图，让学生自己动手摆放添置砝码，观察天平的变化，并从数学角度用式子将这些变化表示出来，有意识地将学生已有的生活经验数学化，引导学生用数学化的思维来思考，从而迁移到新知识的认知。

（三）反复追问，训练表达

在整个教学环节中，不断追问学生为什么，在引导学生思考的同时，也不断让学生回想总结，并尽可能地将所思所想表达出来，经过全体师生的共同归纳，训练学生更加简洁地表达。

《平移和旋转》教学课例

张 岚

(贵州省黔西南州兴义四小民航校区 562400)

一、教学设计

(一)教材分析

《平移和旋转》是人教版小学数学教材二年级下册第三单元的内容。这是两种基本的图形变换,从二年级上册学习从不同的位置观察物体的静态形状,发展到动态感知平移和旋转现象,符合儿童的空间发展水平。平移和旋转是现实生活中广泛存在的现象,是物体运动变化中最简洁形式之一。它不仅是探索图形变化的必要手段,也为综合运用几种变换进行图案设计打下基础。教材在介绍这两种现象时,注意结合学生的生活经验,使学生初步感知平移和旋转,体会它们的不同特点。此外,教材还通过在方格纸上将图形进行平移,使学生掌握图形的平移知识,并会画出在水平方向或竖直方向上平移后的图形。这部分知识的学习,对于学生认识、理解图形的位置与变换,丰富学生的数学思想方法,发展学生的空间观念,提高学生运用转化的思维方法探索解决"空间与图形"的问题有很大的作用。通过本节学习,可以增强对数学知识与现实生活联系的认识,进一步体会数学的价值和丰富内涵。

(二)学情分析

许多孩子在以前的美术课上制作过风车,并且在游乐场等地方亲身感受过物体旋转与平移现象。本节是把生活中的现象抽象出来进行学习,再用所学的知识解释生活中的这些现象。通过本节学习,主要是帮助学生准确地知道哪些属于旋转现象,哪些属于平移现象。平移和旋转虽是学生在日常生活中经常看到的现象,但让学生构建准确的概念需要他们具有一定的空间想象能力和语言表达能力。为了弥补二年级学生这两方面的不足，教学时要充分借助多媒体的直观演示来调动学生的多种感官，帮助学生建立空间观念，培养空间想象能力。

（三）知识点

结合实例，感知平移、旋转现象；能在方格纸上画出一个简单图形沿水平方向、竖直方向平移后的图形。

（四）教学目标

（1）结合实例，使学生初步感知平移与旋转现象，能正确区分平移与旋转。

（2）使学生学会在方格纸上数出平移的格数，并在方格纸上画出一个沿水平方向、竖直方向平移后的图形。

（3）感受数学在生活中的广泛应用，体会数学与日常生活的紧密联系。

（五）教学重点难点

教学重点：直观区别平移、旋转这两种现象。培养空间想象能力。

教学难点：在方格纸上数出物体或图形平移的格数。

（六）设计思路

（1）创设情境，激发学生的学习兴趣，初步感受平移与旋转。（播放游乐园视频）

（2）联系实际，理解平移和旋转的概念。

（3）动手操作，进一步探究平移与旋转。

（4）教学平移的距离。

（5）平移内容梳理。

（6）拓展创新，体验平移和旋转的价值。

二、教学过程

（一）片段1：创设情境，激发学生的学习兴趣，初步感受平移与旋转

（播放游乐园视频）

随着优美的旋律，老师带领孩子们一起进入游乐园参观，并请孩子们跟随活动的画面用自己的动作和声音把看到的表演出来。屏幕上展现出各种游乐项目，有激流勇进、波浪飞椅、弹射塔、勇敢者转盘、滑翔索道。

师：刚才我们看到这么多的游乐项目，能按它们不同的运动方式分分类吗？

生1：激流勇进是直直地下冲的，可以叫它下滑类。

生2：我认为观缆车、波浪飞椅、勇敢者转盘可以分为一类，因为它们是旋转的。

师：其他的呢？

生2：弹射塔是向上弹射的，滑翔索道是往下滑的，它们和激流勇进可以分为一类。

"刚才你们看到了不同的运动方式，像这样的——"老师用手势表示旋转的动作，"你们能给它起个名字吗？"学生异口同声地说："叫旋转。"

老师又接着用手势做出平移的动作，问："像这样呢？"

生说：可以叫"平移"。

师："好，就用你们说的来命名。"

边说边板书"旋转""平移"。

带领学生回顾生活，发现游乐园里平移与旋转现象。

老师请6名小朋友到黑板前，选择自己喜欢的游乐项目，先用动作进行表演再将它归类，把所选项目的图片对应地贴在"旋转"或"平移"的下面。

请孩子们先闭上眼睛静静地想一想什么是平移、什么是旋转，然后让他们站起身来用自己的动作表现出来。

（反思：在本节课教学中，我主要采用从生活实例入手为学生创设生活情境的方法，让学生在情境中感悟；创设活动情境，让学生在情境中体验）

（二）片段2：联系实际，理解概念

师：（出示风车、陀螺、注射器、算盘）谁会玩这些？其实生活中像这样平移和旋转的现象还有很多，你能说一说吗？

师：现在老师要考一考你们的眼力，请你们来判断下面的几个运动是平移还是旋转？（课件演示）

① 扭转汽车方向盘；② 打开水龙头；③ 推拉窗户。

（反思：创设问题情境，让学生在情境中探究，逐步实现对数学概念和方法意义的建构）

（三）片段3：动手操作，进一步探究平移与旋转

先请同学们闭上眼睛静静地想一想什么是平移、什么是旋转，然后让同学们站起身来用自己的动作表现出来。在活动中同学们进一步体会平移与旋转的特点。

请一名同学上台来按口令向不同的方向平移。请同学们仔细观察：这位同学身体是怎么平移的？你有什么发现？做对了就鼓掌。老师带头发出第一个口令："向前平移"，接着一个个学生继续发令"向左平移""向左前方平移"……这位同学按要求平移着……

师：在平移的过程中你发现了什么？引导学生观察平移的这位同学的身体方向，发现这位同学在平移过程中位置变化了，自身的方向并没有改变。

师：那图形平移以后，什么变了？（指名回答）

生1：图形平移以后，只是它的位置发生了变化。

师：什么没变？（指名回答）

生2：它的大小、形状以及图形自身的方向都没有变。

（反思：让学生在情景中，初步感知平移和旋转的现象）

（四）片段4：教学平移的距离

快活的小鱼在水里自由自在地游动，你能说出它是怎样游动的吗？

（1）引导学生讨论探究平移几格。

师：看，这是什么呀？（眼睛或棋子）它在做什么运动？怎么平移的呢？向（　　）平移了（　　）格。

师：接着看，好漂亮的热带鱼啊！它游动了，仔细观察，小鱼向（　　）平移了（　　）格。

你是怎么数出来的？（可以看鱼头移动了几格）还有别的办法吗？（还可以从鱼眼睛数到鱼眼睛，从尾巴数到尾巴，从鱼鳍数到鱼鳍）

师：噢，就是要找到相对应的点来数。那咱们来分组数一数，一组数鱼眼睛移动了几格，二组数鱼尾巴移动了几格，三组数鱼鳍移动了几格。（学生发现都是 5 格。）

师：你有什么发现吗？（判断一个图形平移了几格，只要看这个图形上面任意一点移动了几格就可以了，也就是找相对应的点移动了几格）

师：看，这条小鱼向（　　）平移了（　　）格。

（2）动手平移并说说平移格数，巩固平移距离。

师：你们想不想自己动手平移图形？在方格纸上练习平移三角形，一边平移一边说三角形向什么方向平移了几格。

（3）画出平移后的图形。

同学们掌握了数图形平移几格的方法，如果要你画出平移后的图形，你行吗？试试看。（多媒体出示方格中的梯形）

任务一：电脑演示梯形向上平移 3 格后图形的画法，学生仔细观察并说出画的方法。

任务二：学生独立画出将梯形向左平移 8 格后得到的图形，并展示。

（反思：正确数出物体或图形平移的距离既是本节课的重点，又是难点。如何做到突出重点突破难点呢？在教学中我设计情景以"小鱼游动了几格"这一问题引入，激发学生探索知识的欲望。学生有了结果时，我不急于下结论，而是让有不同意见的同学说说他们的想法，引导学生进一步观察和操作得出结论。最后让学生说说怎样正确数出物体平移的距离。学生通过用眼观察、动手操作，对平移的距离有了一定的了解，就能正确地说出平移的距离）

（五）片段 5：平移内容梳理

今天我们利用"游动的热带鱼"进一步学习了平移的知识。让我们一起把学习的内容梳理一下。谁来试一试？

生：学习平移要注意两点，一是平移的方向；二是平移的距离。

生：为了在平移中不出错，我们可以选择图形中的一个点或者一条线段进行平移，然后画出图形。

生：如果平移的次数多的话，可以在每一次平移后的位置上把图画下来，按顺序一个接着一个，就不容易出错。

（反思：给学生思考的时间不足，引导得不够充分）

（六）片段6：拓展创新，体验价值

师：学习了平移和旋转，有什么用处呢？那么我们就一起来了解平移和旋转到底有什么作用。电脑出示两个话题：

① 房屋会搬家吗？　　② 聪明的设计师。

师：这里的两个话题，你最想研究哪个问题？

生1：房屋会搬家吗？

生2：我想看看聪明的设计师是怎样设计的？

师：那就让我们逐个研究这些话题。

播放2002年12月上海音乐厅整体平移66.4米的新闻录像，随着孩子的惊叹声，激励同学们将来也能运用所学的知识创造出更神奇的事情，为社会做出贡献。平移和旋转在我们生活中应用十分广泛，艺术家们也运用平移和旋转设计出许许多多美丽的图案，电脑出示平移和旋转带来的图片和片段，感知平移、旋转的奇妙。

（反思：数学来源于生活，生活中处处有数学。在教学中我提供大量感性材料，通过让学生用眼观察、动手操作、自身体验，化抽象的概念为看得到摸得着的现象，让学生在数学活动中学会数学知识，发自内心地体会数学的神奇力量）

三、教学体验

（一）创设生活情境，让学生初步感知平移和旋转现象，突出数学来源于生活

首先，我让学生在观察激流勇进、波浪飞椅、弹射塔、勇敢者转盘、滑翔索道的过程中，初步了解平移和旋转的运动方式；再让学生发挥想象，猜想哪些物体可以动起来，哪些物体的运动方式和转盘或索道相同，让学生根据这些物体的运动方式进行分类，使学生进一步体验平移和旋

转的运动特征。在解决判断物体的平移和旋转时，我从生活入手，呈现出对常见的生活现象的一组抢答题，并让学生搜集生活中旋转和平移现象，使学生进一步感受到数学就在身边，学习数学的兴趣更加浓厚。

（二）调动多种感官，促进学生空间观念的发展

"重视学生的动手实践活动，使学生从数学现实出发"是课改中的一个新理念。平移和旋转的现象在生活虽随处可见，但平移和旋转的特点要让学生用语言表述很难。于是，我让孩子们用动作的准确性（用手势比画、肢体演示）弥补语言表达的不足。让学生在比画演示中感知平移和旋转的运动方式，充分调动学生手、脑、眼、口等多种感官参与学习活动，使学生在活动化的情景中学习，不仅解决了数学知识的高度抽象性和儿童思维发展具体形象性的矛盾，使学生主动参与、积极探究，对平移和旋转现象有了深刻的理解。

（三）重视培养解决问题的策略意识

学习知识的最佳途径是让学生自己去发现。首先，我对学生进行点平移的教学，让学生观察一个点的平移动态过程，并让学生说出这个点向什么方向平移了几格，使学生学会找一个平移以后的对应点。接着，启发学生运用知识迁移，进行线段平移的教学。让学生思考要将线段平移，应先怎样做？得出应先找到一个点进行平移，引出对应点的概念。最后，再演示线段平移的过程，总结出：判断一条线段平移了几格，只要找到线段上的一个点平移了几格，我们就知道这条线段平移了几格。

在学生掌握线段平移方法的基础上，再出示平移前后的两个三角形，让学生以小组为单位讨论这个三角形向什么方向平移了几格，在学生的交流、讨论中，让学生发现判断图形平移的方法和线段平移的方法是一样的。通过点—线—面的教学，一步一步由浅入深，并通过具体事例让学生进一步认识到各对应点之间平移的距离应该相等，对图形平移达到了进一步的认识，突破了本课的重点、难点，达到了教学的目的。在整个教学中，学生是学习的主体，发现问题，小组合作，协同研究，都让学生自主完成，老师是以参与探索的身份出现的，与学生一起研究，建立起平等、和谐、伙伴的师生关系。

课题研究篇

"利用'三教'转变课堂教学方式，构建小学数学高效课堂研究"结题报告

贵州省兴义市敬南镇山脚小学课题组

【摘　要】胡锦涛在全国教育工作会议上指出，要创新人才培养模式，适应国家和社会发展需要，遵循教育规律和人才成长规律，注重学思结合、知行统一、因材施教，创新教育教学方法，倡导启发式、探究式、讨论式、参与式教学，激发学生好奇心，发挥学生主动精神，鼓励学生进行创造性思维，改变单纯灌输式的教育方法。温家宝总理在全国教育工作会议上指出，推进素质教育，培养全面发展的优秀人才和杰出人才，关键要深化课程和教学改革，创新教学观念、教学内容、教学方法，着力提高学生的学习能力、实践能力、创新能力。要为学生创造充分的自由发展空间。注重维护学生的尊严和人格，尊重学生的意愿和选择，激发学生的学习兴趣和好奇心。2014年1月，贵州师范大学吕传汉教授在国内首次提出在数学教学中教思考、教体验、教表达（简称"三教"）的教育理念，尝试用"三教"引领"创设数学情境与提出数学问题"教学，进而培育学生核心素养。

【关键词】"三教"转变课堂教学方式；构建高效课堂；报告

一、本课题研究的缘由与意义

我校地处农村，部分教师教学理念陈旧，教学方法单一，教学"满堂灌"，不利于学生的全面发展，课堂教学缺乏活力。这种老师单向灌输、学生被动接受的传统的课堂教学方式，忽视了以学生发展为本位的教育理念。传统的课堂教学普遍存在着一种现象，即把学生当成被动接受知识的容器，认为学生是无知的，什么都不懂，一切都靠老师的讲解、灌

注。于是，教师便从主观愿望出发，一味地利用课堂向学生生硬、机械地灌注现成的知识，学生只能消极地接受。其表现为教师讲学生听，教师演学生看，教师写学生抄，教师指定考试范围，学生死记硬背。只有教师的积极性，而无学生的积极性。利用"三教"教学理念转变课堂教学方式，是深化课程改革的关键和根本要求，是切实推进教与学方式转变、规范办学行为的重要举措，是促进教师专业化发展和学生全面发展的有效途径，是实施素质教育与提高教育教学质量、减轻学生过重的课业负担的现实要求，使课堂教学形成以学生为主体、以学习为中心、以教师为主导，营造一种"教师教得轻松、学生学得愉快"的教学氛围。它对本地区教育事业的科学发展、率先发展与和谐发展具有重要和深远的意义。

二、课题研究过程

1. 2017年9—12月，课题组组织教师查阅课程改革、利用"三教"教学理念培育学生核心素养等相关文献资料，确定研究的课题名称，整体设计课题研究方案，填写课题审批表，完成全部的申报程序，等待总课题立项。

2. 2018年3月，建立组织机构，健全规章制度，再次修改课题研究方案和课题审批表，制定课题研究计划，再次研究文献。聘请专家现场开题。

3. 2018年4—9月，制作调查问卷，开展课堂教学实践活动，重点研究"三教"教学理念在农村小学数学课堂教学中的实践应用，组织教师进行论文撰写，整理中期阶段成果。

4. 2018年10—12月，组织教师进行论文发表，撰写调查报告及中期报告。

5. 2019年1—4月，总结整理，撰写结题报告，出版《"三教"教学理念在农村小学数学教学中的实践应用》专著。

三、本课题研究方法

1. 文献研究法。文献研究法是根据一定的研究目的或课题，通过查阅文献来获得资料，从而全面地、正确地了解所要研究问题的一种方法。

2. 调查研究法。研究者对在本地区小学数学课堂教学展开细致深入的调查，充分利用掌握的第一手资料，运用科学手段对调查结果做客观细致的分析和研究。

3. 经验总结法。经验主要来自工作实践，组织教师及时对成功课堂教学的经验（包括成功的和失败的）进行学习总结，从中获得对教育教学有益的认识和方法。

4. 个案研究法。

本课题组深入向本地区小学数学教师听课，努力促使教师利用"三教"教学理念转变课堂教学方式，指导教师将"三教"教学理念实际运用到自己的课堂，并选取一些教师课堂实录建立个人学习档案，进行追踪分析，以便及时发现问题，调整对策。

四、所取得的阶段成果

（一）实施专家引领，加强理论学习

一年来，我们把吕传汉教授的"三教"教学理念、课堂教学方式转型理念作为教师理论学习的主要内容，为实现课堂教学有效转型，更好地将"三教"教学理念应用到自己的课堂，积极组织教师参加市教育局组织的业务学习，选派教师参加贵州教育厅举办的小学"三教"教学理念专题培训，聆听专家的"三教"教学实践示范课、观摩课等，邀请专家为全体教师做课堂教学方式转型、"三教"教学理念的实践应用专题讲座，邀请具有一定经验的教师到校上观摩课、示范课，从而转变教师观念，提高教师专业理论水平。定期对骨干教师进行重点内容辅导，通过学习培训，使全体教师明确利用"三教"教学理念推动小学课堂教学方式转型的方向，从而构建"小学课堂教学方式转型"的基本策略。解决了教师理论缺乏问题，为我校构建课堂教学方式转型工作奠定了理论基础。

（二）以课堂大练兵为抓手，加快课堂教学方式转型步伐，落实"三教"教学理念的应用

组织教师参加校内外转型课比赛，转变教师教学观念，以此激发本校教师转型热情；通过教研组、学校磨课，逐步推荐教师参加学区、实

验区以及兴义市举行的课堂转型大赛，让教师在课堂上"让出三尺讲台"，真正把课堂还给学生，体现出学生的主体与教师主导地位，收获课堂成功的喜悦，彻底转变教学观念，全面提高教育教学质量，实现教育优质资源均衡发展。利用"三教"教学理念实施课堂教学方式转型以来，教师获得省级"优课"6节、市级二等奖2节、实验区一等奖2节。陈祖芳教师的"利用课题研究，引领教师专业成长"这一课程在省教育厅精品课程遴选中获得优秀以上等次。

（三）以贵州乡村名师工作室为载体，推进课堂教学方式转型

为打造一支思想觉悟高、业务能力强、有上进心的教师队伍，充分发挥乡村名师的率先垂范作用，我们加大名师的专业引领和辐射作用，依据贵州乡村名师陈祖芳工作室，采取专家引领、团队合作、自身努力等方式，共培养出省级名师1人、州级名师2人、州级乡村名师1人、市级名师4人、市级骨干教师10人、市级学科带头人1人。在课堂教学方式转型中，让他们做好"传、帮、带"工作，让青年教师脱颖而出，使他们成为师德高尚、业务精良、具有丰富教学经验及管理能力强的团队，共同推进学校课堂教学方式转型，从而更好地落实"三教"教学理念的实践应用。

（四）实施课堂教学方式转型，落实"三教"教学理念，教学效果显著

通过2017年春季学期和秋季学期比较，可以看出，数学学科学生成绩整体上呈上升趋势，数学总评名列全镇第一；二年级学生数学平均分从81.09提升为84.22，提升了3.13分，及格率由84.62%提升为94.59%，提升了9.97个百分点；三年级数学及格率从82.05%提升为88.89%，提升了6.84个百分点，平均分从73.6提升为77.3，提升了3.7分；六年级数学平均分高于镇平均分20.01分，及格率高于镇及格率28.07百分点。

2017年秋季学期与2018年春季学期进行比较，数学学科整体学生成绩呈上升趋势。一年级数学平均分83.41，全镇平均分77.01，高于全镇平均分6.4分，及格率与全镇持平，为90.91%；二年级数学平均分从81.09上升到86.35，上升了5.26分，优秀率从81.08%上升到83.78%，上升了2.7个百分点；三年级数学平均分为71.6，高出镇平均分1.72分，及格

率为 82.61%，高出镇及格率 7.91 百分点；四年级数学平均分 70.14，高于镇平均分 6.38 分，及格率 76.32%，高出镇及格率 12.32 个百分点；五年级数学平均分 56.63，高出镇平均分 0.34 分，及格率 50.00%，高出镇及格率 0.16%。

实践证明，利用"三教"教学理念实施课堂教学方式转型以来，学生的平均分、及格率整体成绩比上学期有所提高，其主要原因是教师在课堂教学中改变了以往的教学模式，大胆尝试课堂教学方式的转型。具体采取以下具体措施：

1. 在教学中做到从理论到实践的转化，大胆实践和探索"课堂教学方式转型"教学模式。加强在预习课上小组合作交流的指导，深入研究指导学生预习的有效方法，不断培养学生的自学能力。

2. 积极参加学校开展的校本教研活动，通过公开课、研讨课、示范课、课堂教学比赛、经验交流会、专题探讨研究等多种方式提高自己运用"课堂教学方式转型"课堂教学模式的能力，不断巩固学习成果，不断深化创新课堂教学模式，以便尽快掌握此教学方法，准确地指导学生自学，精练地进行反馈矫正，保证课堂教学的优质高效。

3. 把吕传汉教授提出的"三教"教学理念运用到自己的课堂教学中。

4. 在教学中注意教给学生知识和学习的方法，使学生会说、会表达、会操作，使学生学得轻松、快乐。

5. 转变学生学习方法，培养学生自主、合作、探究的学习能力，构建教师教得轻松、学生学得愉快的有效课堂。

6. 找准"切入点"，借机互动。寻找"兴趣点"，以趣引动。教学中，善于抓住符合学生身心特征的"兴趣点"，以学生喜爱的方式开展教学活动，激起学生参与互动的欲望，达到提高师生互动有效性的目的。

7. 关注参与面，鼓励参与互动。提供个性化舞台，吸引学生参与。在有效的师生互动中，教师应关注全体学生。在组织师生互动时，必须关注学生间客观存在的差异，尽量引导不同层面的学生参与互动，让他们展示不同层面的思维水平，从而有利于调动起各个层面学生的学习积极性。

总之，课堂教学方式转型是教育改革的关键环节，它直接关系着教育质量的提升。作为课堂教学中的引导者、促进者与参与者，我们在课堂教学中的每一个具体行为都应当精心地思考、精巧地设计。让我们的课堂活跃起来，从而营造一种教师教得轻松、学生学得愉快的教学氛围。

（五）开展工作以来，共在黔西南亮点黔西南新闻媒体发表新闻报道 5 篇，刻录课堂教学方式转型光盘共 35 个

五、课题研究的成果与形式

1.《利用"三教"转变课堂教学方式，构建高效课堂》教学论文。

2.《利用"三教"转变课堂教学方式，构建小学数学高效课堂研究》结题报告。

3. 撰写《"三教"教学理念在农村小学数学教学中的实践应用》专著。

六、课题研究的创新点

以学生为主体、以学习为中心、以教师为主导，营造一种"教师教得轻松、学生学得愉快"的教学氛围。

七、存在的问题

1. 教师理论学习不够。

2. 少部分教师教学方法老化，不能将"三教"教学理念落实到自己的课堂上。

3. 深入课堂学习较少。

八、研究后的建议与思考

1. 加强理论学习。

2. 邀请专家指导。

3. 鼓励教师多深入课堂听课。

执笔人：陈祖芳　罗礼艳

2019 年 2 月 10 日

"用'三教'引领小学数学课堂教学的情境的创设与利用研究"结题报告

贵州省兴义市敬南镇山脚小学课题组

【摘　要】 在小学数学中存在内容脱离学生实际的情况，呈现方式单一，学生缺乏学习兴趣。教学过程程式化，学生懒于思考问题；缺少相关的解题策略，学生解题思路狭窄等问题，导致学生对数学没有兴趣，两极分化严重，因此，我们提出用"三教"引领小学数学课堂教学的情境创设与利用研究。通过在小学数学教学中有效教学情境的创设，提高课堂教学的有效性，提高课堂教学质量。探讨影响教学情境的相关因素，我们得出小学数学课堂情境的创设方法和原则，有效提高了数学教学课堂效率。

【关键词】"三教"引领课堂教学；情境创设；利用研究

一、理论依据及意义

（一）理论依据

爱因斯坦说过："提出一个问题，往往比解决一个问题更重要。"若想让学生乐于去尝试，善于去发现，教师要有目的有意识地创设各种合适的情境，把学生引入一种与问题有关的情境里，激发学生学习的兴趣。

《数学课程标准》中指出：数学教学要紧密联系学生的生活实际，从学生的生活经验和已有知识出发，创设生动有趣的情境。内容的呈现以"问题情境→提出问题→解决问题→应用与拓展"的方式展开，让学生经历数学知识的"再创造"过程。

皮亚杰与维果茨基建构主义学习理论的精髓为：学习过程是一个学习者主动受刺激、积极参与意义建构和积极思维的过程。学习受学习者原有知识结构的影响，新的信息只有被原有知识结构所容纳，才能被学习者所学习。这种教育思想体现了对学习主体——学生的尊重，这种尊重要求教师适应学生，使教学活动成为解决学生学习中的各种困难和问题的过程。

我国心理学家潘菽指出，心理活动是由"知"和"意"组成的，即分成意向活动和认知活动两种。所谓认识活动，就是人们对客观事物反映的活动，包括感知、思维等心理活动。意向活动是人们对客观事物的对待活动，包括情绪、意志、欲念等心理过程。这就是心理活动二分法。心理学理论中的二分法为"教学情境"的创设提供了有力的理论依据。

（二）研究的实际意义

1. 消除偏差、提高课堂教学的有效性是课堂教学改革的迫切需要

由于教师对课堂教学的实质把握不准，一味地追求新理念，未充分考虑到学生实际和学习水平的差异性，新课程改革在推进过程中或多或少地存在情境偏差、学习方式偏差、教学方式偏差等背离课改目标的行为，课堂教学中低效的教学现象普遍存在。利用"三教"教学理念引领小学数学课堂教学中情境的创设与利用研究，是深化课程改革的关键和根本要求，是切实推进教与学方式转变、规范办学行为的重要举措，是促进教师专业化发展和学生全面发展的有效途径，是实施素质教育与提高教育教学质量、减轻学生过重的课业负担的现实要求，利于营造课堂教学以学生为主体、以学习为中心、以教师为主导，让"教师教得轻松、学生学得愉快"的教学氛围，对本地区教育事业的科学发展、率先发展与和谐发展具有重要和深远的意义。

2. 学生发展的需要

创设教学情境，可以激发学生的学习热情，诱发学生的数学思维，能够引起认知冲突，从而激起学生强烈的学习欲望，体验学习的快乐，促进学生的智力因素和非智力因素协同发展，促使学生身心健康成长。

3. 教师成长和学校发展的需要

课堂教学是否成功，教师是关键。教师应通过参与课题研究，寻求有效的教学方式方法，在教改过程中不断提升自己的教育理论水平和研究技能，逐渐形成一支科研型的教师队伍，促使学校成为一所科学发展、特色发展的学校。

二、研究的目标、内容、方法、步骤及过程

（一）研究的目标

通过对本课题的探索和研究，教师能根据儿童心理特点创设与学生生活环境、知识背景密切相关的，学生感兴趣的学习情境，使学生在预设的情境中产生学习的欲望，感悟到学习的乐趣，从而有效地参与学习。

针对不同课型特点，探究出最合适的情境教学模式，总结最有效的教学设计，在我校推广，提高课堂教学的有效性。

（二）研究的内容

1. 利用"三教"教学理念引领小学数学教学课堂创设扎实的教学情境，提高课堂教学的有效性，提高课堂教学质量。
2. 探讨影响教学情境的相关因素，创设教学情境的利用探究。

（三）研究的方法

本课题研究主要采用行动研究法、问卷调查法、文献研究法、资料数据分析法、案例分析法开展研究活动。本课题组深入向本地区小学数学教师听课，努力促使教师利用"三教"教学理念在小学数学课堂教学中创设情境，指导教师怎样将"三教"教学理念实际运用到自己的课堂，并选取一些教师课堂实录建立个人学习档案，进行追踪分析，以便及时发现问题，调整对策。

（四）研究的步骤与过程

1. 2017年9—12月，此阶段主要采用文献研究法，课题组组织教师收集整理有关小学数学课堂教学中创设情境的理论文献和实践经验材料、利用"三教"教学理念培育学生核心素养等相关文献资料，确定研究的课题名称，整体设计课题研究方案，填写课题审批表，完成全部的申报程序，等待总课题立项。

2. 2018年1—3月建立组织机构，健全规章制度，设计并修改完善课题标准，再次修改课题研究方案和课题审批表，制定课题组教师各自研究方向，落实各自责任。聘请专家现场开题。

3. 2018年4—9月，定期开展课题研究研讨活动，主要采用观摩实验课、公开课、教学研讨课，以及其他研究交流活动等。做好学生课堂教学反馈问卷调查，重点研究"三教"教学理念在农村小学数学课堂教学中的实践应用，组织教师进行论文撰写，定期进行检测和阶段性小结。

4. 2018年10—12月，组织教师进行论文发表，撰写调查报告及中期报告。

5. 2019年1—4月，主要是对自己的研究成果进行总结，完成各项成果资料，做好课题研究的结题。在本阶段，要求教师认真撰写出各自研究领域的情景教学的优秀案例，反馈实验中遇到的问题以及需要解决的问题，撰写结题报告，出版《"三教"教学理念在农村小学数学教学中的实践应用》专著。

三、研究结果与成效

（一）创设情境的方法

1. 从创设情境的素材来源分类

从创设情境的素材来源看可分为现实性的情境、虚拟性的情境和半现实半虚拟的情境。现实性的情境是指情境的素材来源于学生的实际生活；虚拟性的情境是指为了给学生提供一个主动学习的空间，把现实性的情境加以整合、简化而创设的情境；半现实半虚拟的情境介于上述两种情境之间。

2. 从创设情境的目的来分类

（1）满足学生探究心理的情境：通过创设各种问题情境创造各种具有启发性的外界刺激，引导学生积极思考，激起学生学习数学知识和技能的欲望，满足学生探究心理。

（2）满足学生好胜心理的情境：在课堂中创设一些情境，让学生通过思考表达后，都能获得成功的机会。

（3）满足学生情感需求的情境：创设教师把爱寓于数学教学之中，通过语言、动作、表情、姿态传递给学生，使学生体验到亲切、温馨、幸福的情境。

3. 从创设情境的表现形式来分类

（1）情感情境：教师针对学生易受情绪和情感感染的心理特征，从教学需要出发，努力表现教师和蔼可亲的言语表情、面部表情和体态语言等，以此来吸引学生的注意，创造爱的师生课堂情感，从而激发学生积极学习、探究的情感。

（2）问题情境：把学生置于运用已经掌握的知识去研究新的未知问题的气氛之中，使学生在提出问题、思考问题、解决问题的动态过程中学习数学。

（3）游戏类情境：紧密结合教材，运用谜语、故事等形式组织教学。

（4）媒体情境：借助表象材料进行思维，从而理解和掌握抽象的知识。

（5）实践情境：让学生在做中学的情境。

4. 从创设情境的方法来分类

史料法、故事法、悬念法、趣题法、设疑法、设障法等。

（二）小学数学课堂教学中创设情境必须遵循的原则

1. 一致性原则

教无定法，但教学有法，不管采用什么办法，教学目标始终是教学活动的出发点和归宿。宏观上，教师显示自己的才华，能动地采用灵活多变的形式创设课堂情境，其目的只有一个，即增效减负，提高质量。从这个意义上说，所有教学活动的大目标是一致的，即创设的情境要服务于目标的完成。微观来看，课堂创设的情境必须从课本内容出发，准确理解编者意图，恰当组织素材，切不可盲目地添加一些笑料，故弄玄虚，喧宾夺主，即课堂创设的情境必须与课本内容保持相对一致。

2. 启发性原则

"数学是思维的体操"。数学教学是思维活动的教学，学生的思维活动有赖于教师的循循善诱和精心点拨与启发。因此，课堂创设的情境应以启导学生思维为立足点。心理学研究表明，不好的情境会抑制学生的思维热情，所以，课堂上不论是设计提问、幽默，还是欣喜、竞争，都应考虑活动的启发性。孔子曰："不愤不启，不悱不发。"使学生心理上有愤有悱，正是课堂创设情境所要达到的目的。

3. 科学性原则

数学是一门严密而抽象的科学，其表达形式有严格的规范性。在课堂创设情境中，一定要寓庄于谐，尽量使语言准确，认真处理好形象生动与严密准确的矛盾，切不可为了让学生发笑或叙述方便，信口比喻。那些不恰当的比喻，将有碍学生正确理解概念和准确使用数学语言能力的形成。教学中，一定要使我们的课堂语言生动而不失严密，形象而不失准确。

4. 新颖性原则

创设的情境必须新颖、富有创意，让学生身临其境，让学生感悟到数学知识的魅力。

5. 主体性原则

课堂上创设的情境应努力做到放手让学生自己发现问题，自己探究规律，自己推导公式，自己归纳总结，自己体验创造。

6. 开放性原则

创设的情境必须有一定的开放性，让每个学生都参与，为学生萌发创新意识创造条件。

7. 现实性原则

创设情境要以学生既有的数学现实作为直接的出发点，充分考虑以什么样的情境作为问题的载体，亦即要考虑问题的原型，尽可能从生产、生活和数学学科中提炼出好的问题，让学生惊奇地发现数学就在我们的身边，数学原来是这么贴近生活，这么丰富多彩。

（三）本阶段研究的体会

（1）把吕传汉教授提出的"三教"教学理念运用到自己的课堂教学中，可以使课堂高潮迭起，妙趣横生，从而克服教学中的随意盲目和呆板机械，从根本上改善数学学科枯燥乏味的负面特点，激发学生的学习热情，和谐师生感情，为素质教育铺路搭桥。

（2）数学课堂创设的情境必须符合数学的学科特点和学生的认知规律。

（3）本课题的研究改变了学生课堂学习，课堂正越来越成为学生体验人生的场所。

总之，通过把吕传汉教授提出的"三教"教学理念运用到自己的课堂教学中，要使学生会说、会表达、会操作，达到使学生学得轻松、快乐的目的。教师作为课堂教学中的引导者、促进者与参与者，在课堂教学中的每一个具体行为都应当精心地思考、精巧地设计。让我们的课堂活跃起来，从而营造一种教师教得轻松、学生学得愉快的教学氛围，教师的课堂教学水平得到了提高，从一定程度上促进了教师的专业成长。

四、课题研究的成果与形式

1.《用"三教"引领小学数学课堂教学的情境的创设与利用研究》教学论文。

2.《用"三教"引领小学数学课堂教学的情境的创设与利用研究》结题报告。

3. 撰写《"三教"教学理念在农村小学数学教学中的实践应用》专著。

五、存在的问题及改进

1. 存在的问题

（1）创设的情景和问题设计之间容易出现偏差。主要是表现为：问题过大或过小、问题设计无意义等；过于注重形式；过于注意趣味性、直观性，往往忽视了蕴含学习价值的数学问题。

（2）教师的教学理论不足，教学科研能力有待提高。

教学研究要求教师能在平时的教学实践中，将自己的经验、感受及时总结提炼出来。而教学理论的不足，将制约研究过程的发展。我们时时有"书到用时方恨少"的感叹，所以教师需要不断加强教学理论的学习，并且注重经验的积累与总结，不断提高教学科研能力。

（3）少部分教师教学方法老化，不能将"三教"教学理念落实到自己的课堂。

2. 后期需要落实的工作

（1）继续进行教学研究和试验，尝试更多的教学方法，促进学生的学习。

（2）做好后进生的转化工作，加强学生学习兴趣的培养研究。

（3）教师应该深入研究教材，把握好课标，用冷静的头脑、良好的教学技能，让学生在真实的、有效的、具有数学味的生活情境中快乐地学习。

执笔人：王德兴
2019 年 2 月 9 日

"乡村小学数学教学教思考的实践研究"实施方案

陈祖芳

(贵州黔西南州兴义市敬南镇山脚小学 562402)

一、选题背景及研究价值

《数学课程标准》明确指出：数学教学是数学活动（思维活动）的教学。数学教学的核心是思维的教学。小学数学课堂是小学生学习数学知识，锻炼数学思维，培养数学能力的重要场所。思考能力是小学生提高数学成绩、突破数学瓶颈的重要能力之一，数学活动的核心是数学思考，因此，教师要善于将教材内容转化成适于学生探索的问题，在课堂教学中给学生独立思考的时间和空间，通过创设情境，通过提出问题、分析问题、解决问题的活动以及学生的自我反思，使学生不断地获取数学知识、思想方法和技能、技巧，并最终应用所学去解决生活中的实际问题。作为数学教师应该抓住数学教学的核心进行教学，以培养学生的思维为首要任务。

由于我校地处农村，大多数小学数学课堂都是数学老师引导、学生跟着老师的教学步骤走的教学模式，这在一定程度上限制了学生的独立思考、灵活运用知识的能力发展。

爱因斯坦指出，"独立思考是创新的基础"。苏霍姆林斯基认为："要培养自己孩子的智力，那你就必须教给他思考。"强调必须通过思考获得知识。在数学教学中教"思考"，让学生逐渐学会思考，这对于培养学生的数学思维有着特殊而重要的作用。因此，在乡村小学数学中，教思考的实践研究势在必行。

二、课题研究的核心界定

（1）乡村：人口分布较城镇分散的地方。
（2）小学数学课堂教学：师生交往互动与共同发展的过程。小学数学教学最关键的是要紧密联系学生的生活实际,从学生的生活经验和已有知识出发,创设生动有趣的情境,引导学生开展观察、操作、猜想、推理、交流等活动,使学生通过数学活动,掌握基本的数学知识和技能,初步学会从数学的角度去观察事物、思考问题,激发对数学的兴趣。

(3)教思考:让学生学会分析世界,学会"想数学",促进学生思辨能力的发展。

(4)实践:人们改造自然和改造社会的有意识的活动。实践是检验真理的标准。

(5)研究:指人对事物真相、性质、规律等进行的无穷尽的积极探索,由不知变为知,由知少变为知多。"研究"简单地说,就是一个认真地提出问题,并以系统的方法寻找问题答案的过程。

(6)乡村小学数学教思考的实践研究:在人口分布较分散的地区的小学数学课堂教学中,为使师生共同发展,让学生学会分析世界、学会想数学,培育学生的思辨能力所采取的有意识的活动。

三、本课题研究的意义

数学思考力是义务教育阶段数学学习的核心目标。数学课标中指出:数学教学活动,特别是课堂教学,应激发兴趣,引发学生的数学思考,鼓励学生创造思维。所以,在课堂上引导学生在数学思维活动中养成良好的数学思考力,是教师的首要任务。学生学习数学的实质就是一个思考的过程,数学教学的重要目标就是培养学生的思考能力。作为一名数学教师,在数学课堂教学中,应该充分利用好各个环节,积极引发学生的数学思考,让学生能够初步学会运用数学的思维方式去观察、分析现实社会,去解决日常生活中和其他学科学习中的问题,增强应用数学的意识。

五、研究目标、内容

(一)研究目标

1. 从引导表达、交流入手,促进学生思考

通过创设情景让学生发言,引导学生交流,从而更好地促进学生思考。

2. 从活动中获得体验，加深思考

通过在课堂上"教体验"，使得学生在具体的情境中感悟事物的本质，形成数学直觉，通过"体验"直观形象的过程，促进自身对于"直观形象"素养的领悟，加深思考。

3. 从情境中提出问题、解决问题，激活学生思维

通过创设情境，让学生通过提出问题、分析问题并解决问题等一系列课堂活动以及自我反思，不断地获取数学知识、思想方法和技能、技巧，并最终应用所学去解决生活中的实际问题，逐渐提高提出数学问题和解决问题的能力，从而激活学生的思维。

（二）研究内容

1. 精心创设学生较熟悉或感兴趣的数学情境，在情境中引发数学思考

在教学中，通过巧设问题情境，激发学生积极地动手、动脑，使学生具有足够的探索空间。培养学生探索性学习的习惯，让学生置身于有着浓厚探索意识的氛围之中，注重挖掘教材中的隐含因素，把看似枯燥、抽象的数学问题通过创设情境、变换形式，使其具有趣味性、思考性、应用性和开放性。使学生能结合身边生活实际去学习和探索，激发学生的学习兴趣。

2. 鼓励发现问题，在发现问题和解决问题的过程中启迪数学思考

在探索新知的过程中，教师要把问题的发现及思考过程作为重要的教学环节，不仅要让学生知道该怎样思考这个问题，还要让学生知道为什么要这样思考。

3. 适时评价反思，引导学生思考

适时组织学生进行评价反思，使学生意识到自己的认知过程、学习目的和任务、自己的学习能力水平和学习变量的变化情况；意识到有哪些可供选择的学习方法，并根据学习任务和自己的学习能力去选择最有效的方法进行学习；意识到失败时应采取哪些补救措施去改进自己的学习方式。这样不但有利于学生调整和改善自己的思考方式，增强学生思维的灵活性、批判性、深刻性，而且有利于促进学生的认知水平的提高。

教师一方面要提倡、鼓励、尊重学生计算方法多样化的自主选择，另一方面也应适时地引导学生通过分析、比较、反思，主动吸纳其他好的算法，逐渐实现算法的最优化、熟练化。

教学过程中，教师不但要引导学生对学习目标、学习过程进行自我评价反思，而且要引导学生善于对学习结果进行自我反省；引起学生必要的"观念冲突"，帮助学生对自己的认知结构进行调整。同样在问题解决的策略上，学生的自我评价反思将为他们获得灵活的解题思路、形成敏捷思维能力创造积极条件。

4. 要留给学生思考的时间和空间

教师给足学生思考的时间和空间，让学生学会思考问题，这样才能做到不仅把知识传给学生，而且指导学生学会学习，学会思考。

六、课题研究的方法和成果

（一）研究方法

1. 文献研究法

文献研究法是根据一定的研究目的或课题，通过查阅文献来获得资料，从而全面地、正确地了解所要研究问题的一种方法。

2. 调查研究法

研究者对在本地区小学数学课堂教学展开细致深入的调查，充分利用掌握的第一手资料，运用科学手段对调查结果做客观细致的分析和研究。

3. 经验总结法

经验主要来自工作实践，组织教师及时对成功的课堂教学经验（包括成功的和失败的）进行学习总结，从中获得对教育教学有益的认识和方法。

4. 个案研究法

本课题组深入向本地区小学数学教师听课，努力促使教师转变课堂教学方式，同时，将选取一些教师课堂实录建立个人学习档案，进行追踪分析，以便及时发现问题，调整对策。

（二）课题研究的成果

1. 阶段成果

（1）关于《乡村小学数学教学教思考的实践研究》调查报告。

（2）《乡村小学数学教学教思考的实践研究》（论文）。

（3）关于《乡村小学数学教学教思考的实践研究》的案例（课例）。

2. 最终成果

（1）《乡村小学数学教学教思考的实践研究》研究报告（报告）

（2）《乡村小学数学教学教思考的实践研究》（论文集）

七、课题研究保障条件

1. 负责人及成员

陈祖芳（课题组组长）全面负责课题的总设计，负责撰写课题研究方案、开题报告、结题报告及视频编辑。

韦厚祥、徐仕祥（课题组成员）负责相关理论指导、论文及课例撰写

陈丽、罗礼艳（课题组成员）负责撰写案例及课堂实录。

张成敏、王德兴（课题组成员）负责撰写论文及课堂实录

王英、汤礼红（课题组成员）负责撰写论文及课堂实录

毛正坤（课题组成员）负责所需经费的预算与使用，兼课例、论文撰写。

2. 研究经费

此课题研究需要小数额的经费，学校将承担全部相关经费。

3. 研究力量

本课题是根据学校学生的实际提出的，课题组成员都是学校优秀教师，他们都具有较高的学术水平，较强的组织管理、教育科研能力和一定的开拓进取精神。

参考文献

[1] 彭志超. 关于数学教学中教师思考力的反思[J]. 教育科研论坛，

2011（3）：52-53.

[2] 陈亚梅.用好思考题，提升学生数学思考力[J].教学与管理，2014（1）：46-48.

[3] 桂金梅.数学教学中应重视培养学生的思考力[J].软件：教育现代化，2013（16）：275.

[4] 孙卫.浅析小学数学教学中的合作学习[J].新课程学习（基础教育），2010（11）.

[5] 严海艳.小学数学教学中对学生逻辑思维能力的培养[J].数学学习与研究，2016.

[6] 庄荣木.浅论小学数学教学中对学生逻辑思维能力的培养[J].考试周刊，2015（57）.

[7] 樊有孝.小学数学课堂教学中如何培养学生的逻辑思维能力[J].课程教育研究，2016.